AF452590

CURIOSITÉS
DE L'ÉGLISE
DE
NOTRE-DAME
DE PARIS,
AVEC
L'EXPLICATION
DES TABLEAUX
QUI ONT ÉTÉ DONNÉS
PAR LE CORPS DES ORFÉVRES.

A PARIS,

Chez Cl. P. Gueffier, Libraire, Parvis
Notre-Dame, à la Libéralité.

M. DCC. LIII.

Avec Approbation & Privilege du Roi.

APPROBATION.

J'AI lû par ordre de Monseigneur le Chancelier, le présent manuscrit : je crois qu'on peut en permettre l'impression. Fait à Paris, ce 20 Novembre 1752.

DES ESSARTS.

PRIVILEGE DU ROY.

LOUIS, PAR LA GRACE DE DIEU, ROY DE FRANCE ET DE NAVARRE : A nos amez & féaux Conseillers, les Gens tenant nos Cours de Parlement, Maîtres des Requêtes ordinaires de notre Hôtel, Grand-Conseil, Prévôt de Paris, Baillifs, Sénéchaux, leurs Lieutenans Civils, & autres nos Justiciers qu'il appartiendra, SALUT : Notre amé CLAUDE-PIERRE GUEFFIER, Libraire à Paris, nous a fait exposer qu'il désireroit faire imprimer & donner au Public des Ouvrages qui ont pour Titres : *Tarif des Glaces de la Manufacture Royale, Tarif de la Vaisselle platte, poinçon de Paris, &c. Les Curiosités de l'Eglise de Notre-Dame de Paris*, s'il nous plaisoit lui accorder nos Lettres de permission pour ce nécessaires. A CES CAUSES, voulant favorablement traiter l'Exposant, Nous lui avons permis & permettons par ces Présentes, de faire imprimer lesdits Ouvrages autant de fois que bon lui semblera ; & de les vendre, faire vendre & débiter par tout notre Royaume, pendant le tems de trois années consécutives, à compter du jour de la date des Présentes. Faisons défenses à tous Imprimeurs, Libraires, & autres personnes de quelque qualité & condition qu'elles soient, d'en introduire d'impression étrangére dans aucun lieu de notre obéissance ; à la charge que ces Présentes seront enregistrées tout au long sur le Regître de la Communauté des Imprimeurs-Libraires de Paris, dans trois mois de la date d'icelles : Que l'impression desdits Ouvrages sera faite dans notre Royaume & non ailleurs, en beaupapier & beaux caractères, conformement à la Feuille imprimée, attachée pour modele sous le contre-scel des Préfentes : Que l'Impétrant se conformera en tout aux Réglemens de la Librairie, notamment à celui du dix Avril mil sept cent vingt-huit : Qu'avant de les expofer en vente, les Manufcrits qui auront fervi de Copies à l'impreffion defdits Ouvrages, feront remis dans le même état où l'Approbation y aura été donnée, ès mains de notre très-cher & féal Chevalier Chancelier de France, le Sieur DE LAMOIGNON, & qu'il en fera enfuite remis deux Exemplaires de chacun dans notre Bibliothéque publique, un dans celle de notre Château du Louvre, un dans celle de notre très-cher & féal Chevalier Chancelier de France, le Sieur DE LAMOIGNON, & un dans celle de notre très-cher & féal Chevalier Garde des Sceaux de France, le Sieur de MACHAULT, Commandeur de nos Ordres : le tout à peine de nullité des Préfentes ; du contenu defquelles vous mandons & enjoignons de faire jouir ledit Expofant & fes ayans-caufe, pleinement & paifiblement, fans fouffrir qu'il leur foit fait aucun trouble ou empêchement. Voulons qu'à la Copie des Préfentes qui fera imprimée tout au long au commencement ou à la fin defdits Ouvrages, foi foit ajoutée comme à l'Original. Commandons au premier notre Huiffier ou Sergent fur ce requis, de faire, pour l'exécution d'icelles, tous Actes requis & néceffaires, fans demander d'autre permiffion, & nonobftant clameur de Haro, Charte Normande & Lettres à ce contraires : Car tel eft notre plaifir. DONNÉ à Verfailles, le neuviéme jour du mois de Décembre, l'An de Grace mil fept cent cinquante-deux, & de notre Regne le trente-huitiéme. Par le Roi en fon Confeil,

S A I N S O N.

Regiftré fur le Regiftre XII. de la Chambre Royale des Libraires & Imprimeurs de Paris, N°. 125 Fol. 96. conformément aux anciens Réglemens confirmés par celui du 8 Février 1723. A Paris le 2 Mars 1753. HERISSANT, Adjoint.

De l'Imprimerie de VALLEYRE.

LES CURIOSITÉS

DE L'ÉGLISE

DE

NOTRE-DAME

DE PARIS.

L'EGLISE de Notre-Dame de Paris a été consacrée en l'honneur de Dieu & de la Sainte Vierge ; elle passe pour la plus ancienne de cette Ville après celle de Saint Denis-du-Pas, petite Eglise fondée par les premiers Chrétiens à la dévotion de la Vierge Marie, de saint Denis & de saint Estienne, alors la premiere Cathédrale de Paris, telle que le permettoit ce tems-là ; & on voit encore aujourd'hui sur une des Bannieres de Notre-Dame l'image de la Sainte Vierge au milieu de St Denis, & de St Estienne

A

premier Martyr ; cette petite Eglife eſt derriere Notre-Dame.

Le Pape S. Clément, fucceffeur de S. Pierre, ayant envoyé S. Denis dans les Gaules avec S. Ruftique, Prêtre, S. Eleutere, Diacre, pour y prêcher la Foi de Jefus-Chrift, faint Denis fut le premier Evêque de Paris, où il reçut avec fes Compagnons les glorieufes couronnes du Martyr. Après fa mort le Peuple eut une fi grande vénération pour ce premier Apôtre de France, que l'Eglife de Notre-Dame en porta le nom jufqu'en l'an 522 que le Roi Childebert I. la fit rebâtir la huitiéme année de fon regne. Alors elle fut confacrée à la Sainte Vierge, dont on lui a confervé le nom jufqu'à préfent ; cependant le Pere Daniel, dans fon Hiftoire de France, penfe autrement.

Le Pere de Montfaucon, fameux Antiquaire, affure que l'Eglife de Notre-Dame a fervi de Temple à Jupiter ; & ce qui fert à confirmer cette opinion eft une Infcription qu'il a trouvée dans fes derniers tems.

Le Roi Robert, Prince très-pieux, fils de Hugues Capet, faifant fon féjour à Paris, fit rebâtir cette Eglife fur le deffein qu'on la voit aujourd'hui ; mais ce fuperbe Bafilique ne fut élevé fous fon regne, qu'à rez de chauffée jufqu'en l'an 1196, que le Roi

Philippe II, furnommé Augufte, & Maurice de Sully, foixante-dixiéme Evêque de
Paris, Prélat rempli d'un faint zele pour
fon Eglife, firent continuer ce vafte édifice
avec diligence ; & après la mort de ce dernier, Odo de Soliaco, fon Succeffeur,
ayant un pareil zele, y contribua de même
jufqu'en l'an 1208 qu'il mourut. Pierre
Camb qui lui fuccéda l'ayant fait auffi continuer, il y a toute apparence que la grande façade de cette Eglife fut achevée fous
le même Roi Philippe Augufte, puifque
ce Prince fe trouve le dernier au rang des
Rois de France que l'on voit au haut de
cette même façade.

Cependant dans les Antiquités de Paris
par Malingre, l'Auteur dit avoir eu la
communication d'un ancien Extrait du Tré-
for du Chapitre de Notre-Dame, où il eft
marqué que cette Eglife fut commencée
par Hercandus, quarante-deuxiéme Evêque de Paris, qui, felon la plus commune
opinion, déceda l'an 826, & que Maurice
de Sully, foixante-dixiéme Evêque de Paris,
la continua & amplifia de beaucoup fous le
Roi Philippe II. furnommé Augufte ; mais
que Odo de Soliaco, qui eft Sully en Berry,
fucceffeur de l'Evêque Maurice, l'acheva en-
tiérement fous le regne du même Roi ; &
que depuis Hercandus jufqu'à Maurice, il

y a eu 28 Evêques de Paris, qui font 380 ans que cette Eglife a été à bâtir, foit faute de moyens ou pour caufe de troubles. Cet ancien Extrait ne s'accorde guères avec ce qu'on voit encore aujoud'hui gravé fur la pierre du Portail méridional, qui eft du côté de l'Archevêché, où fe trouvent ces mots : *Anno Domini M.CC.LVII. menfe Februario Idus fecundo hoc fuit inceptum Chrifti Genitricis honore, Kalenfi Lathomo, vivente Joanne magiftro.*

Cette Infcription, en Lettres capitales gotiques, fait aflez connoître que Odo de Soliaco, fucceffeur de Maurice, qui déceda l'an 1208, n'a pas fait achever l'Eglife de Notre-Dame, puifque ce Portail méridional n'a été commencé qu'en l'an 1257; ainfi on ne doit pas ajoûter foi à cet ancien Extrait que Malingre cite dans fes Antiquités de Paris.

De la defcription de Notre-Dame.

Cette Eglife, qui eft la Cathédrale & Métropole de cette Ville, eft fans contredit une des plus anciennes de toute la France; fon Architecture, quoique gotique, a quelque chofe de fi fingulier & de fi délicat, qu'elle a toujours paflé pour la plus belle Eglife du Royaume : elle eft

5

remarquable par la hardieſſe de ſa ſtructu-
re , par ſa grandeur & la commodité de ſa
diſtribution. Elle eſt bâtie en croiſée ſur
pilotis , ayant 65 toiſes de longueur , 24
de largeur & 17 de hauteur en dedans , le
tout ſoutenu par 120 gros pilliers ; on y
compte auſſi 108 colonnes toutes d'une
ſeule pierre.

Les deux Tours ont chacune 34 toiſes
de haut. Cette proportion étoit marquée
anciennement ſur une plaque de cuivre
attachée proche la figure colloſſale de Saint
Chriſtophe. On y liſoit :

Si tu veux ſçavoir comme eſt ample

De Notre-Dame le grand Temple ,

Il y a dans œuvres pour le ſeur

Dix & ſept toiſes de hauteur ,

Sur la largeur de vingt-quatre :

Et ſoixante-cinq ſans rabattre

A de long , aux Tours haut montées

Trente-quatre ſont bien comptées ;

Le tout fondé ſur pilotis ,

Auſſi vrai que je te le dis.

On compte 389 degrés pour arriver ſur
leurs plattes formes ; elles ſont couvertes
de plomb , & c'eſt de-là que l'on voit avec
plaiſir Paris à découvert , & d'où l'on jouit

d'une vûe des plus agréables & des plus
étendues fur tous les Environs de cette
charmante Ville.

Dans une de ces Tours il y a fept Cloches, dont la plus groffe fe nomme Ga-
briel, la feconde Guillaume, la troifiéme
Pafquier, la quatriéme Thibault, enfuite
les deux Moineaux, & la feptiéme Nicolas. Dans l'autre Tour il y en a deux plus
groffes, qu'on nomment Bourdons ; la plus
forte pefe 32 mille, elle fe nommoit anciennement Jacqueline. Elle fut donnée,
en l'an 1400, par Jean de Montagut, frere
de Girard de Montagut, quatre-vingt-
douziéme Evêque de Paris. Elle fut refondue en 1682, dont fon poids a été augmenté de feize mille, & refondue une feconde fois en 1686, & nommée Emma-
nuel-Louis par Louis XIV. La moyenne,
qui pefe 28 mille, fut nommée Marie-
Thérefe par la Reine femme de Louis XIV.
On lit autour ces mots: *Quæ priùs Jacqueli-
na Joannis Comitis de Monte-acuto demum
pond. XV. M. nunc, duplo auct à Emanuel
Ludovica, Therefia vocor à Ludovico Magno & Mariâ-Therefiâ ejus conjuge nomi-
nata, & à Francifco Harleo, primo ex
Archiepifcopis Parifienfibus, Duce, ac Pari Franciæ, benedicta die 29 Aprilis anna
1686.*

Lא Charpenterie des voutes, qu'on ap-
pelle la Forêt, par le grand nombre de bois
de Chataignier dont elle est composée, soutient toute la couverture de plomb de cette
Eglise; elle n'est posée que sur les quatre
gros murs, de même que celle du clocher
qui est au-dessus du milieu de la croisée, bâti
sur un fort tronc de bois soutenu par quatre
poutres qui posent sur les quatre principaux
pilliers de cette croisée.

Toutes les Chapelles sont au par-dessus
& hors d'œuvres, couvertes de plattes &
larges pierres bien plombées & bien ci-
mentées, autour desquelles il y a une in-
finité d'arcades, canaux & tuyaux en forme d'animaux travaillés fort artificielle-
ment, pour écouler les eaux, & deux belles Galleries tant pour tourner autour du
Chœur que de la Nef, ayant mêmes degrés
hors d'œuvres, & commodes pour monter au haut & passer par-dessus la couverture de la Croisée.

Tout l'édifice de cette Eglise est soutenu
par 120 pilliers, & forme une double al-
lée qui regne dans tout le tour sans com-
prendre l'espace des Chapelles, au-dessus
desquelles il y a en dedans de grandes Galleries ou Voutes espacées par des colonnes
chacune d'une seule piéce, bordées sur le
devant d'une belle Balustrade de fer. Ce

lieu eſt très-commode pour voir les cérémonies dans les Fêtes extraordinaires.

Les deux Roſes qui ſont au-deſſus des
deux Portes collatérales, ont chacune 40
pieds de diamêtre; elles ſont remarquables
par leur grandeur & par la variété des couleurs qui ſont employées ſur le verre. Celle
qui eſt du côté de l'Archevêché a été re-
faite en 1726. aux dépens du Cardinal de
Noailles, Archevêque de Paris; ſes Armes
ſont au milieu de cette Roſe.

La façade de cette Egliſe eſt remarquable par ſon élévation & par ſes grandes
portes, qui ſont faites en enfoncement,
& ornées d'un nombre de figures hiſtoriées
du nouveau Teſtament. Au-deſſus de celle
du milieu on voit le Jugement univerſel,
où d'un côté ſont les Juſtes, & de l'autre
les Réprouvés. Un Ange eſt au milieu qui
tient la balance de la Juſtice divine; vis-à-
vis de lui on voit un Démon, qui, pour
la faire pancher de ſon côté, poſe ſon
doigt deſſus, tandis qu'un autre Démon,
qui eſt à ſes pieds, l'attire à lui avec un
crochet; mais malgré tous ſes efforts, la
balance ſe trouve toujours juſte du côté de
l'Ange. La figure qui eſt au-deſſous repréſente Notre Seigneur donnant ſa bénédiction; & aux deux côtés des portes ſont les
Vierges ſages & foles. Les figures qui ac-

compagnentNotre-Seigneur font les douze
Apôtres foulant fous leurs pieds des Rois
payens ou autres figures ridicules. Plus
bas on voit dans des cadres ronds des figures hyeroglifes qui repréſentent les douze mois de l'année, & au-deſſous à gauche l'hiſtoire du bonhomme Job, & de
l'autre côté l'hiſtoire de S. Antoine.

Sur la Porte appellée Ste Anne, qui eſt à
droite en entrant, on remarque en haut
le Paradis, plus bas la Sainte Vierge
tenant ſon Fils Jeſus ſur ſes genoux,& deux
Anges à ſes côtés; au-deſſous la Naiſſance
de Jeſus-Chriſt couché dans la crèche. La
grande figure du milieu repréſente faint
Marcel qui terraſſe avec ſa croſſe un dra-
gon; aux côtés ſont différens Saints &
Saintes ſoutenus par des figures payennes
& autres.

La Porte à gauche, qui eſt celle pour
monter aux Tours, repréſente en haut
le Couronnement de la Sainte Vierge; plus
bas ſon Trépaſſement en préſence des
Apôtres qui l'enſeveliſſent pour la mettre
dans le tombeau. Les autres grandes figures ſont des Saints, Saintes & des Anges.
Au milieu eſt la figure de la ſainte Vierge:
ſous ſes pieds le Paradis terreſtre, où ſe
trouvent Adam & Eve qu'un Ange chaſſe du
Paradis. Les grandes figures à droite ſont

A v

saint Jean-Baptiste, saint Marcel & sainte Genevieve, sous leurs pieds une tentation d'un garçon & d'une fille par le Démon; sur les bandes, au long des portes, les signes des douze mois & des quatre saisons de l'année.

Au-dessus des portes de cette façade il y a une Gallerie ornée de 28 statues qui ont quatorze pieds de haut chacune; tous Rois de France, commençant à Childebert, pour ceux de la premiere Race qui compose treize Rois jusqu'à Pepin le Bref que l'on voit monté sur un Lion, non à cause de sa petite stature, mais de sa valeur & de son grand courage, qu'il fit paroître en présence des Seigneurs de sa Cour, au Château de l'Abbaye de Ferrieres, dans un combat de bêtes féroces, où ce Roi ayant apperçu un Lion acharné sur un Taureau, dit aux Seigneurs qui l'accompgnoit qu'ils faudroit les aller séparer, mais aucun n'eut assez de hardiesse. Ce Prince voyant leur peu de courage, courut lui-même sur le Lion, & d'un seul coup du revers de son épée lui coupa la tête; à son retour il dit à ces mêmes Seigneurs, suis-je digne d'être votre Roi? En suivant est son fils Charlemagne, Louis le débonnaire, Louis le begue & Charles le simple, tous les cinq, Rois de la seconde Race; après eux font dix Rois de la troifiéme, Eudes, Robert & Raoul de Bourgogne, tous les trois, Comtes de Paris, couronnés & facrés Rois de France; à leur fuite Hugues Capet, Robert, Henri I, Philippe I, Louis le gros, Louis le jeune & Philippe II. dit Augufte, qui eft le dernier, tenant la pomme impériale à la main, ainfi que plufieurs autres Rois fes prédeceffeurs qui ont porté le nom de Grand & d'Empereur.

Au-deffus de ces Rois, il y a trois autres Galleries; la plus élevée fert de paffage d'une tour à l'autre : elle eft foutenue par des colonnes d'une feule pierre travaillée très délicatement. On voit au bas, entre les deux Tours, deux réfervoirs de plomb qui contiennent environ 80 muids d'eau, pour en faire ufage en cas d'incendie dans cette Eglife.

Sous le Roi Louis XII. pour entrer dans Notre-Dame on montoit treize marches de pierrequi regnoient le long de lafaçade, & qui fe trouvent enterrées fous le pavé du Parvis; mais à préfent l'entrée eft prefque de plein pied.

Les portes qui font ferrées de cette même façade méritent l'attention des Curieux. On y remarque fur les ornemens plufieurs têtes ayant des cornes, ce qui engage beaucoup de perfonnes à croire que c'eſt l'ouvrage du Démon, qu'ils nomment Biſcornet, & en font un Conte dont voici le fait. Un Garçon Serrurier, diſent-ils, s'étant préſenté pour être reçu Maître, on lui demanda pour Chef-d'œuvre de ferrer les portes de cette Egliſe ; ne pouvant le faire, le Démon ſe préſenta à lui ſous la forme d'un homme, & lui dit, que s'il vouloit ſe donner à lui dans un certain tems, il feroit ſon Chef-d'œuvre, ce qu'accepta l'Ouvrier. Il arriva que le lendemain quatre de ces portes ſe trouverent ferrées, à l'exception de celles du milieu, qu'il ne put ferrer parce que le Saint Sacrement paſſe par cette porte ; de ſorte que ce Garçon Serrurier fut dégagé par ce moyen de ſon pacte fait avec le Démon, & fut reçu Maitre. Et pour preuve, ajoutent-ils, que c'eſt l'ouvrage du Démon, c'eſt qu'il a laiſſé ſon portrait ſur pluſieurs bandes de fer : ainſi voilà ce que penſe le commun du peuple.

On doit plutôt croire que c'eſt l'ouvrage d'un habile Serrurier qui le nommoit Biſcornet, & qui avoit le ſecret d'employer le fer autrement que ſes Confreres, & que pour conſerver la mémoire de ſon nom & de ſon ouvrage à la poſtérité, il aura mis, comme Armes parlantes & ayant rapport à ſon nom, pluſieurs têtes ornées de cor-

nes, mot qui approche de celui de Bif-
cornet.

Mais quelques-uns de ces Faiseurs de
contes ne manqueront pas de demander
pourquoi les portes du milieu n'ont pas été
ferrées par ce même Serrurier qui étoit si
habile dans son Art. Il auroit pu se faire,
comme nous sommes tous mortels, que
la mort ait enlevé cet Artisan au milieu de
son entreprise, & qu'après lui il ne se soit
pas trouvé d'assez habiles Serruriers, pour
continuer cet ouvrage dans le même goût.
Car il suffit de remarquer les autres portes
collatérales tant du côté de l'Archevêché
que de celui du Cloître, pour trouver de
la différence dans le travail de la ferrure
qui est des plus simples, ce qui aura occa-
sionné à ne point faire ces deux portes,
dans la crainte de défigurer celles des côtés.

C'est encore une erreur populaire que
de croire que cette Eglise a été bâtie par
les Anglois; elle ne peut être fondée que
sur ce qui se passa vers la fin du regne du
Roi Charles VI. surnommé le Bien-aimé.
Ce Roi ayant marié en l'année 1420 Catherine de France sa fille à Henri V. Roi
d'Angleterre, il arriva qu'après ce mariage Isabelle de Baviere, femme de Charles
VI, qui aimoit sa fille, prit une haine
mortelle contre son fils Charles alors

Dauphin, de ce que ce Prince lui avoit fait quelques remontrances sur sa conduite. Cette mere vindicative ne voulut jamais lui pardonner cette faute ; & comme elle s'attendoit à quelque chose de sinistre si son fils devenoit Roi après la mort de son pere, qui ne devoit pas aller loin, son esprit étant aliéné, cette Reine dénaturée fit tant par ses intrigues, qu'elle engagea le Roi Charles VI. son mari, qui étoit alors tombé en démence d'esprit, de nommer pour son successeur à la Couronne de France Henri V. Roi d'Angleterre, son gendre, au préjudice du Dauphin son propre fils, ce qui étoit contraire à la Loi Salique qui en exclud les femmes, quoique Princesses du Sang de France, & qu'il n'y a que les Fils aînés de nos Rois ou les plus proches Princes du Sang en ligne directe qui ont droit de succéder à cette Couronne.

Le 28 Août 1422. Henri V. prétendu Successeur de la Couronne de France, étant mort au Château de Vincennes, laissa après lui un fils au berceau, âgé de deux ans, né en Angleterre & nommé Henri VI. qui fut couronné à Londres Roi d'Angleterre après la mort de son pere ; & le 20 du mois d'Octobre suivant mourut à Paris le Roi Charles VI. dans son Hôtel de Saint Pol. Le Dauphin son fils, qui s'étoit retiré à Bourges, fut aussi-tôt proclamé Roi de France.

Le Duc de Bethford, alors Régent, & oncle du jeune Roi d'Angleterre, ayant reçu la nouvelle de la mort du Roi Charles VI, fit proclamer à Londres le jeune Prince son neveu Roi de France, comme petit-fils de Charles du côté de sa mere, & aussi en qualité de successeur du Roi son pere, qui en avoit été déclaré le successeur par Charles VI. son beau pere; ce qui causa une longue guerre entre la France & l'Angleterre. Les prétentions du jeune Roi d'Angleterre étoient soutenues par la Reine Isabelle sa grand'mere, & autres Princes du Sang & Seigneurs de France, qui se trouvoient alors possesseurs de la moitié du Royaume & principalement de la Ville de Paris. Pendant cette guerre trop durable, le Duc de Bethford, comme Régent du jeune Roi son neveu, le fit passer en France en 1431. & le fit couronner Roi de France par le Cardinal de Wincester, dans l'Eglise de Notre-Dame de Paris avec grande pompe & cérémonie, au préjudice du Roi Charles VII. son oncle que la Pucelle d'Orleans avoit fait sacrer à Reims; mais après plusieurs siéges & combats de part & d'autre, pendant trente ans que dura cette guerre, Charles VII. se trouva le victorieux & le seul possesseur de son Royaume, après en avoir chassé entiére- ment les Anglois ; & la longue possession qu'en a eu cette Nation, aura donné lieu par la suite des tems à croire qu'elle avoit bâti Notre - Dame. Mais le couron- nement du jeune Roi d'Angleterre dans cette Eglise doit suffire, avec les autres époques ci-devant cités, pour détruire le préjugé de tous ceux qui n'ont pas lû les Antiquités de Paris.

Cette erreur pourroit venir du nom de famille de l'Architecte ou du Maître Ma- çon qui ont conduit ce vaste Bâtiment, qui se nommoit peut-être Langlois, (nom qui n'a jamais été rare en France & qui se prononce comme celui de la Nation An- gloise,) & que ce Peuple ayant été long- tems possesseur de la Ville de Paris, cela aura peut-être donné lieu de croire par la suite que c'étoient les Anglois qui ont bâti cette Eglise. Il auroit pu se faire aussi qu'on eut fait venir d'Angleterre les plus habiles Ouvriers pour bâtir Notre Dame, comme gens très-expérimentés dans l'art d'élever de grands édifices : ce qui n'est pas croya- ble, car les Antiquités de Paris & les His- toires de France en auroient fait mention ; ainsi c'est à tort que l'on attribue la gloire de ce bâtiment à cette Nation qui n'y a eu aucune part.

Voici un fait plus remarquable. On voit autour du Chœur de cette Eglise des figures gothiques de pierre qui représentent l'Histoire du nouveau Testament, au bas desquelles, avant les nouvelles réparations de ce Chœur, on lisoit les noms des Sculpteurs qui ont fait ces figures, & auprès on voyoit la statue d'un homme à genoux ayant les mains jointes, & au-dessous étoient gravées ces paroles : *C'est Maistre Jean Ravi qui fut Maçon de Notre-Dame de Paris par l'espace de 26 ans, & commença ces nouvelles Histoires, & Maistre Jean le Bouthellier son neveu les a parfaites l'an 1351.* qui est 71 ans avant que les Anglois fussent maîtres de Paris.

On trouva, en creusant bien avant au milieu du Chœur de cette Eglise pour faire la cave qui sert de sépulture aux Archevêques de Paris, quelques anciens Tombeaux ; entr'autres celui d'une Reine d'Angleterre, dont le nom est inconnu. On trouva aussi, en 1711, dans l'épaisseur d'un vieux mur enterré fort avant, neuf pierres de deux à trois pieds en quarré de tout sens, sur lesquelles il y avoit des sculptures grossiérement travaillées, avec des caracteres Romains. On remarqua sur l'une cette Inscription :

Tib. Cæsare

Aug. Jovi optimo
Maximo
Nautæ Parifiaci
Publicè pofuerunt.

De la nouvelle Fondation du Chœur de Notre - Dame.

Il eft à noter que la fondation du Chœur où font les pilliers, qui portent les arcades & le mur au pourtour, a 18 pieds de profondeur au-deſſous de leurs baſes qui font enterrées ſix pouces plus bas que le rez-de-chauſſée du pavé de cette Egliſe, poſées ſur la glaize ferme ſans pilotis ni platte forme, conſ-truites par le haut, au-deſſus du rez - de-chauſſée avec trois aſſiſes de pierre de taille dans tout le pourtour d'une égale hauteur, & faiſant retraite les unes ſur les autres, poſées & taillées proprement ; & le ſurplus au deſſous de gros moellons & mortier de chaux & de ſable plus dure que la pierre. Ce qui fait voir évidemment que ce grand Bâtiment n'eſt pas élevé ſur pilotis, quoi-qu'il en ſoit fait mention dans cette an-cienne Inſcription, qu'on voyoit ſur une plaque attachée à côté de la ſtatue coloſſale de ſaint Chriſtophe.

Le nouveau fondement du grand Autel a pareille profondeur que celle du pourtour

& contient toute la largeur du Chœur sur
six toises de longueur, construit de pierres
dures piquées, & posées par assise avec mortier de chaux & de sable jusqu'au rez de
chaussée de l'Eglise, & au-dessus deux assises de pierres de taille.

Le 7 Décembre 1699. le Cardinal de
Noailles, Archevêque de Paris, revêtu de
ses habits pontificaux, accompagné de
Messieurs les Doyen & Chanoines & des
Officiers de cette Eglise, fit la bénédiction
de la premiere pierre de l'Autel qu'il posa,
& mit par-dessus une lame d'airain quarré
où étoient gravés ces mots :

LOUIS LE GRAND,
Fils de Louis le Iuste, & petit-fils d'Henri le Grand,
Après avoir dompté l'héréfie,
Rétabli la vraie Religion dans tout son Royaume,
Terminé glorieusement plusieurs grandes guerres
Par terre & par mer,
Voulant accomplir le vœu du Roi son pere
Et y ajoûter des marques de sa piété,
A fait faire dans l'Eglise Cathédrale de Paris
Un Autel avec ses ornemens d'une magnificence
Au-dessus du premier projet,
Et l'a dédiée au Dieu des Armées Maître de la
Paix & de la victoire,
Sous l'invocation de la Sainte Vierge, Patrone &

Protectrice de ses Etats;
L'an de . S. 1699.

On mit par-dessus cette lame quatre Médailles; sçavoir une d'or pésant un marc un gros, faite par Besnard, représentant d'un côté le Roi Louis XIII. en buste avec cette Inscription autour : *Ludovicus* XIII. *Fr. & Nav. Rex*, & sur le revers est une Notre Dame de pitié tenant Notre Seigneur sur ses genoux, & le même Roi prosterné à ses piedsqui lui présente son Sceptre & sa Couronne avec ces mots au bas, *Aram vovit* M. D. C. X X X V I I I. & cette Inscription autour : *Se & regnum Deo sub B. Mariæ tutela consecravit.*

Une autre Médaille d'or pesant un marc, faite par Roussel, représentant d'un côté Louis XIV. en buste, avec cette Inscription autour : *Ludovicus Magnus Rex Christianissimus*; & sur le revers est représenté l'Autel comme il devoit être, accompagné de quatre colonnes Corinthiennes torses & cannelées, posées en demi cercle, sommées d'un demi baldaquin, avec ces mots *Aram posuit* M. D C. X C I X. & autour *Votum à patre nuncupatum solvit*; de plus deux Médailles d'argent représentant les mêmes sujets; dont l'une de Louis XIII. pesant cinq onces un gros, l'autre de Louis XIV pesant cinq onces.

Les deux Médailles d'or furent posées du côté de l'Evangile, celles d'argent du côté de l'Epitre sur lesquelles on mit du charbon broyé & par-dessus une plaque de plomb, ensuite un lit de ciment sur lequel on posa la premiere pierre de l'épaisseur d'un pied & demi sur sept de long & trois & demi de large, sur laquelle le Cardinal de Noailles aspersa de l'Eau-Bénite, & après avoir tourné autour, s'en alla avec Messieurs les Chanoines au Chœur où l'on commença les Vêpres, & on chanta ensuite les quatre Pseaumes suivans, *Quam dilecta*, *Nisi Dominus*, *Miserere*, & *Fundamenta* avec leurs Antiennes: & pour rendre cette Bénédiction plus solemnelle, on sonna toutes les cloches & on bourdonna. Pour en conserver la mémoire, Louis XIV. fit présent à cette Eglise de quatre autres Médailles de la même valeur & du même poids, qui représentent les mêmes choses qui sont en dépos dans son trésor.

Les Curiosités du Chœur.

On ne peut disputer à la Ville de Rome la prérogative d'avoir eû chez elle les plus habiles Maîtres de la Sculpture, de l'Architecture & de la Peinture. L'Europe a vû fleurir dans toutes ſes parties les dignes Eleves qu'ils ont faits. C'eſt à leurs ſoins qu'on doit les Chef - d'œuvres qui ont embelli la Ville de Paris ; pour en conve-nir, il ne faut que jetter les yeux ſur les piéces rares & curieuſes dont ce Chœur eſt enrichi depuis ſon rétabliſſement par les ſoins des plus célebres Ouvriers de notre ſiécle, qui l'ont mit dans l'éclat & le luſtre dans leſquels on le voit aujourd'hui. Tout y eſt ſi réguliérement obſervé & ſi fine-ment travaillé, qu'on peut dire que les Ouvriers s'y ſont montrés Maîtres de l'Art; auſſi rien n'eſt plus digne de l'atten-tion des curieux, que ce ſacré monument de la piété de nos Rois. Ce Chœur fut com-mencé en 1699. ſur les deſſeins de Jules-Hardouin *Manſart*, comme il eſt mar-qué ci-deſſus ſur le revers de la Médaille d'or de Louis XIV, mais changé en 1708, & depuis parfaitement exécuté ſur les deſſeins de M. *Cotte* le pere, premier Architecte du Roi, & finit ſur ceux de M. *Cotte* le fils en 1714 ; il a été redoré depuis aux dépens de Louis XV.

Le Sanctuaire eſt élevé ſur ſept marches d'un marbre choiſi, avec deux Baluſtrades en demi rond, ſéparées dans toute l'éten-due du Sanctuaire & du Chœur, dont les appuis ſont d'un marbre très-fin d'Egypte &

veiné d'or foutenus par des piliers de bronze doré , portés auffi par un marbre de di-
verfes couleurs fimétrifées. Cet ouvrage eft
de *Tarlay*

Le grand Autel, dont on doit admirer
la magnificence eft conftruit de marbre;
le devant , qui eft de bronze doré en or
moulu, fait fur le modele de *Vaffé* le pere
& éxécuté par le fils , repréfente Notre
Seigneur au tombeau. Les côtés du même
Autel font de porphire chargé d'ornemens
qui font un effet admirable & des plus riches,
& auprès deux Anges de bronze doré, portés par des nuages , en attitude d'adoration, fur des piedeftaux de marbre blanc,
tirés d'après les modeles de *Cayot* ; & les
bas-reliefs qui ornent les gradins entre ces
Anges font de *Vaffé*.

Les fix grands Chandeliers d'argent &
la Croix , qui font pofés fur fes gradins,
font d'un travail admirable & méritent
l'attention des Connoiffeurs. Ils ont été
faits par *Baslin* Orfévre.

A droite, mais plus enfoncé que l'Autel,
on voit la Statue de Louis XIII en marbre
blanc fur un piedeftal du même marbre,
revêtu de fes habits royaux , profterné,
offrant fon Sceptre & fa Couronne , &
mettant fon Royaume fous la protection
de la Sainte Vierge. Cette merveilleufe

piéce est de *Coustoux* le jeune en 1715. De l'autre côté est Louis XIV. à peu près de même attitude, fait par Coisevox en 1715.

L'Autel qui est élevé derriere celle dont nous parlons, est appellé Autel des Féries; il est de marbre blanc chargé de plusieurs ornemens de Sculpture. Le rétable représente le vœu de Louis XIII.

Au-dessus on voit une Descente de Croix & la Sainte Vierge assise aux pieds tenant J. C. son Fils sur ses genoux; cette Vierge est très-estimée des Connoisseurs. A côté sont deux Anges, dont l'un soutient les bras du Seigneur, & l'autre tient la couronne d'épines. Ces excellens morceaux sont de *Coustonx* l'aîné en 1723. Ce groupe de marbre est d'une élégance & d'une correction admirable & toute particuliere, On peut dire que cet habile Sculpteur du Roi a employé toute la force de son Art pour soutenir la réputation qu'il s'étoit acquise avec justice.

Il y a plus haut une Gloire sur un ceintre, au milieu de laquelle est un triangle entourée de nuages, de Chérubins & de rayons fort étendus, que la dorure rend très-brillans; & l'un des deux Anges qui sont au-dessus de la niche, tient une suspension d'argent de vermeil doré, où repose le Saint-Sacrement.

aux

Aux pieds des arcades font fix Anges de bronze, de hauteur d'homme, tenant chacun un inftrument de la Paffion de Notre Seigneur ; ils font de l'invention de *Chavannes.* Ils font pofés fur des cul-de-lampes auffi de bronze, ornés de feuillages, des Chiffres & des Armes du Roi ; du deffein de M. *de Vaffé.*

Les deux qui font les plus proches de l'Autel, ont été jettés en fonte par *Vancleve* ; les deux du milieu, dont celui qui tient l'éponge eft de *Hutrel* ; & l'autre qui tient les clous eft de *Poirier.* Les deux autres enfuivant, dont l'un porte l'infcription, & l'autre la lance, font de *Magnier.* Ces quatre derniers ont été fondus par *Roger Schabol* de Bruxelles.

Au-deffus des arcades font douze Vertus avec leurs attributs.

A la droite, près de l'Autel.

La Charité & la Perfévérance, par *Poulletiers.*

La Prudence & la Tempérance, par *Fremin.*

L'humilité & l'Innocence, par *le Pautre.*

Du côté gauche.

La Foi & l'Efpérance, par *le Moine.*

La Juſtice & la Force, par *Bertrand*.

La Virginité & la pureté, par *Thierry*.

Les autres ornemens conſiſtent en trophées d'Egliſe & autres piéces qui accompagnent les piliers & les arcades, revêtus d'un très-beau marbre veiné de rouge & de blanc, qui, avec les dorures qui brillent de toute part, ont été faites par de très-habiles Maîtres.

Au bas des marches du Sanctuaire, on voit un rond de marbre blanc, qui indique le caveau qui renferme les entrailles des Rois Louis XIII. & Louis XIV. Au-deſſus eſt ſuſpendue une Lampadoire d'argent. Ce préſent a été fait par défunt M. l'Abbé Petit-pied, Sous-Chantre & Chanoine de cette Egliſe.

Au milieu du même Chœur eſt auſſi ſuſpendu un trés-beau Chandelier d'argent à ſix branches, en forme de Lampe, peſant 320 marcs, ayant cinq pieds de diametre, orné de ſix Anges tenant divers inſtrumens de muſique, & autant de figures couchées, en feuillages, portant chacun un écuſſon où ſont gravées les Armes du Roi, & contenant auſſi l'Hiſtoire de la Sainte Vierge ; le tout ſoutenu de trois aigles ſuſpendus avec trois chaînes fleurdeliſées, aboutiſſantes à une couronne Royale. Ce Chandelier eſt un très-beau morceau d'Orfévrerie. Ce préfent a été fait à cette Eglife le 9 Octobre 1639, par la Reine Anne d'Autriche époufe de Louis XIII. en action de graces d'avoir obtenu de Dieu par l'interceffion de la Sainte Vierge, un fils Dauphin, qui naquit le 5 Septembre 1638, & qui a été le Roi LOUIS XIV.

La Boiferie du Chœur.

Les deux Chaires Epifcopales font d'une très-belle forme, ornées de bas-reliefs. Dans la niche du fond de celle où fe place M. l'Archevêque, eft repréfenté le martyre de S. Denis premier Evêque de Paris, de S. Ruftique Prêtre, & de S. Eleuthere Diacre, qui l'avoient accompagné dans les Gaules.

La Chaire vis-à--vis, qui fert de fymétrie, repréfente la Guérifon miraculeufe du Roi Clotaire, par l'interceffion de Saint Germain Evêque de Paris en 557. Ces deux belles Piéces font du deffein de *Vaffé.*

Les Stales où fe placent les Chanoines font du deffein de *du Goulon* Sculpteur du Roi : elles font dignes d'admiration par leur belle ftructure : tout le lambris eft rempli de bas-reliefs, repréfentant la vie

de la Sainte Vierge dans des cadres alternativement quarrées & ovales, accompa-
pagnées d'ornemens ; & les pilaftres font
ornés des inftrumens de la Paffion de N. S.
& des Armes du Roi , du deffein de
Charpentier.

Il y a de chaque côté 33 Stales & quel-
ques-unes de moins en bas, où fe placent les Officiers du Chœur : celles du côté
de l'Archevêché ont été faites par *Louis*
Marteau, & celles du côté du Cloître par
Jean Nel.

Les Cartouches de la Boiferie près la Chaire Epifcopale.

Sur un pilaftre, dans un petit cartouche, Notre Seigneur qui donne les Clefs
à faint Pierre.

1. La Naiffance de la fainte Vierge.

2. La Préfentation de la fainte Vierge.

3. La Sainte Vierge inftruite par Sainte
Anne fa mere.

4. Le Mariage de la fainte Vierge avec
faint Jofeph.

5. L'Annonciation de la fainte Vierge.

6. La Vifitation de la Vierge à fainte
Elizabeth fa coufine.

7. La Nativité de Notre Seigneur.

8. L'Adoration de Rois.

9. La Circoncifion de Notre Seigneur.

10. La Purification de la Sainte Vierge.

11. La fuite de la Sainte Vierge en Egypte.

De l'autre côté en continuant par le bas.

12. La fainte Famille.

13. La fainte Vierge trouvant fon Fils dans le Temple au milieu des Docteurs qui leur enfeignoit la Loi.

14. Le Miracle des Nôces de Cana, où Jefus-Chrift changea l'eau en vin.

15. La fainte Vierge en contemplation au pied de la Croix.

16. Une Defcente de Croix au bas de laquelle la Mere de Dieu paroît dans une grande affliction.

17. La defcente du S. Efprit fur les Apôtres.

18. La fainte Vierge monte au Ciel, les Anges font dans l'admiration de cette merveille.

19. Une femme à genoux en priere, levant les yeux au Ciel & tenant un encenfoir à fa main.

20. La prudence, repréfentée par une femme qui tient un ferpent.

21. La modeftie ou l'humilité, par une même femme tenant un fceptre mi-

ſtérieux au bout duquel eſt un œil.

22. La douceur, par une femme ayant la tête baiſſée & un agneau couchée auprès d'elle.

Sur le pilaſtre, dans un petit cartouche, ſont les Pelerins d'Emmaüs.

Tous ces cartouches ont été faits par *du Goulon, Belleau, Taupin, & le Goupel.*

Les Grilles qui ſont autour du Chœur & celles des trois portes ſont d'un ouvrage & d'une dorure magnifique. La Grille de la pricipale porte a été faite par François *Caffin*, celles des deux portes collatérales par *Louis Foudrain*, & celles autour du Chœur, par *Nicolas Parent, Jacques Petit & Richard*,

Les Amateurs de la Peinture auront de quoi ſe ſatisfaire agréablement en examinant avec attention les Tableaux du Chœur, qui ſont dans des bordures richement ſculptées & dorées, ils ont été donnés par M. l'Abbé *de la Porte*, Chanoine Jubilé de cette Egliſe.

Les Tableaux du Chœur.

1. L'Annonciation de la Vierge, peint par *Hallé* en 1717.
2. La Viſitation de la ſainte Vierge, par *Jouvenet*, en mil ſept cens ſeize.

3. La Nativité de Notre Seigneur, par *de la Fosse* en 1715.

4. L'Adoration des Rois, par le même *de la Fosse* en 1715.

5. La Présentation de Notre Seigneur au Temple, par *Boullongne* en 1715.

6. La fuite de la sainte Vierge en Egypte, par *le même* en 1715.

7. Notre Seigneur dans le Temple au milieu des Docteurs, par Antoine *Coypel* en 1715.

8. L'Assomption de la sainte Vierge, par *le même* en 1715.

L'Aigle qui est au milieu du Chœur a été donné par M. l'Abbé *de la Grange Trianon*, Chanoine de cette Eglise, ainsi qu'il est porté par son Epitaphe, qui est dans une Chapelle de la Nef, où il est inhumé. La forme de cet Ouvrage est triangulaire : les trois Vertus Cardinales sont assises à la base avec leurs attributs. La tige représente à chaque face une Lyre en relief ornée de guirlandes de fleurs. Au-dessus sont des têtes aîlées de Chérubins. Sur cette tige est posé un Globe terrestre, sur lequel les différentes parties du Monde sont aussi décrites en relief ; & au-dessus s'éleve un Aigle déployé, pour soutenir le Livre. Cet Ouvrage est de bronze doré, & a sept pieds & demi de hauteur. L'art & la délicatesse y surpassent la nature. Il est du célébre M. *Duplessis*, Fondeur du Roi ; il l'a exécuté dans le Louvre.

Après avoir donné une idée de la description du Chœur, il est juste de faire connoître à la postérité la reconnoissance de Messieurs les Vénérables Doyen & Chanoines de cette Eglise envers le Roi LOUIS XIV. d'avoir exécuté avec tant de magnificence le vœu de LOUIS XIII. son pere, qui fut accompli un Samedi 21 Avril 1714. Le lendemain fut chanté le *Te Deum* en action de graces, & le jour suivant on célébra Pontificalement une Messe ; & tous les ans à pareille jour il a été fondé une Messe pour la conservation de cet Auguste Monarque, & qui a été convertie après sa mort en un *Obiit* solemnel pour le repos de son ame.

Les Tableaux de la Nef.

La plus grande partie des Tableaux de Notre-Dame sont des présens faits à la sainte Vierge tous les ans, le premier jour de May, par le Corps des Orfévres de Paris, & qui ont été faits par de très-habiles Maîtres. Ces présens ont cessé en 1708.

Dans la Croisée du côté de l'Archevêché.

1. Le Vœu de Louis XIII. vis-à-vis la Chapelle de la Vierge, qui est une Notre-Dame de pitié, peint par *Philippe Champagne* en 1638.

2. Le Martyre de saint André dans la Ville de Satras, peint par *le Brun* en 1647.

3. Le Martyre de saint Etienne lapidé par les Juifs, il prie le Seigneur de leur pardonner, peint par *le Brun* en 1651.

4. Saint André à genoux devant sa croix, tressaillant de joie à la vûe de son supplice, peint par *Blanchard* le jeune en 1670.

5. Le Martyre de S. Paul dans la Ville de Rome, peint par *Boullongne* en 1657.

6. La femme affligée du flux de sang pendant 12 ans, à qui Jesus-Christ se retournant, dit, votre foi vous a guérie, peint par *Boullongne* le pere en 1706.

7. Saint Paul lapidé à Lystre, Ville de de Lycaonie où il avoit fait plusieurs miracles, peint par *Champagne* le jeune en 1667.

Au-dessus de la Chapelle.

8. Un Vœu représentant une sainte Famille, auprès de laquelle on apperçoit saint Antoine & au-dessus une gloire d'Anges, peint par *Antoine Paillet* en 1684.

On croit que ce Peintre a fait préfent de ce Tableau à la place de celui qui n'avoit pas été donné cette année-là.

Aux côtés de la porte de l'Archevêché.

9. La Flagellation de faint Paul & de Sylas, peint par *Teftelin* en 1655.

10. Le Naufrage de faint Paul dan l'Ifle de Malthe, où les Barbares le reçoivent d'abord avec humanité ; mais une vipere l'ayant pris à la main, ils le croyent un meurtrier que la vengeance divine pourfuit ; faint Paul ayant fecoué cette vipere fans qu'il lui arrivât aucun mal, ils le prennent pour un Dieu, par *Charles Poërfon* le pere, en 1653.

Vis-à-vis la Chapelle.

11. Saint Pierre guériffant les malades par fon ombre dans la Ville de Jérufalem, peint par *Laurent de la Hyre* en 1635.

Dans la Croifée du côté du Cloître.
Vis-à-vis la Chapelle de faint Denis.

1. La Defcente du faint-Efprit fur les les Apôtres. Ce Tableau eft des plus eftimés, par *Jacques Blanchard*, en 1634.

2. Saint Paul, par la force de fes prédi-

cations, fait brûler aux Gentils leurs Livres profanes dans la Ville d'Ephèſe, par *Euſtache Le Sueur*, en 1649. Ce Tableau eſt très eſtimé, & a été gravé par *Etienne Picard*.

3. La Réſurrection de la Veuve Tabithe par Saint Pierre, par *Louis Teſtelin*, en 1652.

4. Le Martyre de Saint Barthelemy, que les Barbares écorchent tout vif, par *Antoine Paillet*, en 1660.

A côté du Cadran.

5. Saint Jacques le majeur, fils de Zébédée & frere de Saint Jean l'Evangéliſte, ayant guéri un Paralytique, eſt conduit au martyre avec celui qui l'avoit accuſé, lequel ayant été touché de repentir, confeſſa qu'il étoit Chrétien, & en chemin il pria Saint Jacques de lui pardonner. L'Apôtre s'arrêta, & lui dit : La paix ſoit avec vous, & l'embraſſa. Par *Noel Coypel* le pere, en 1661.

6. Le premier Sermon de Saint Pierre dans la Ville de Rome, par *Charles Poerſon* le pere, en 1642.

7. Saint Paul convertit le Proconſul *Sergius Paulus* à Paphos, & dit à un Juif nommé *Bar-Jeſu* : Faux Prophéte, vous

qui voulez empêcher le Proconsul d'embrasser la Loi de Jesus-Christ, vous allez devenir aveugle. A l'instant ses yeux s'obcurcirent, & chercha quelqu'un pour le conduire, par *Nicolas Loir*, en 1650.

Au dessus de la Chapelle.

8. Le Parlement assemblé pour juger un Procès de conséquence. Dans le haut on apperçoit une Gloire céleste, où S. Yves paroît intercédant le Seigneur. C'est un vœu de M. le Marquis de *Laumaria*, ancienne Famille de Bretagne, par *Monier*, en 1697.

A côté de la Porte.

9. Le Martyre de Saint Pierre dans la Ville de Rome, par *Le Bourdon*, en 1643. Ce Tableau est très-estimé.

De l'autre côté.

10. La Conversion de Saint Paul, par *Laurent de la Hyre*, en 1637. gravé par lui-même.

Vis-à-vis la Chapelle.

11. Saint Paul ayant guéri tout-d'un-

coup un homme né boiteux dans la Ville
de Lystre, les habitans qui l'écoutent avec
grande attention, le prennent pour Mer-
cure, à cause qu'il portoit la parole ; &
Saint Barnabé qui étoit avec lui, pour Jupiter. Ils amenerent des taureaux ornés de
fleurs pour leur sacrifier. Ces deux Apôtres
voyant cette idolâtrie, leur crient : Mes
amis, que voulez-vous faire? Nous ne
sommes que des hommes comme vous ;
nous vous annonçons que vous ayez à
vous convertir de ces vaines superstitions,
au Dieu vivant, qui a fait le ciel & la terre.
Par *Michel Corneille* le pere, en 1644.
Gravé par *François de Poilly.*

Les Tableaux de la Nef du côté du Cloître,
dont les sujets sont tirés de l'Evangile.

1. Notre Seigneur guérit un Paralytique
au bord de la piscine, où celui qui entroit
le premier après que l'eau avoit été remuée,
étoit guéri, par *Bon de Boullongne*, en 1678.

2. Le Centenier prosterné aux pieds de
notre Seigneur pour lui demander la guérison de la paralysie de son serviteur, par
Louis de Boullongne le jeune, en 1686.

3. La Samaritaine convertie par notre
Seigneur qui se reposoit auprès d'un puits, à
Sichet, Ville de Samarie, par *Louis*

Boullongne le jeune, en 1695.

4. Notre Seigneur entrant dans la Ville de Nazareth, guérit un Paralytique qui lui fut préfenté couché dans un lit. La guérifon de l'ame eft très-bien exprimée dans ce Tableau, par *Jean Jouvenet* le pere, en 1673.

5. Notre Seigneur chaffe les Marchands hors du Temple, en leur difant, que la Maifon de fon Pere eft une Maifon de priéres, & qu'on ne devoit pas la traiter comme une caverne de voleurs. Cette action de zèle eft très-bien exprimée dans ce Tableau, par *Claude Hallé*, en 1687.

6. La Vocation de Saint Pierre & de Saint André, qui quittent leurs filets pour fuivre notre Seigneur., par *Michel Corneille* l'aîné, en 1672.

7. La multiplication des cinq pains & des deux poiffons, pour nourrir cinq mille perfonnes dans le défert. Ce miracle eft très bien repréfenté dans ce Tableau, par *J. Chriftophe*, en 1696.

8. Notre Seigneur rend vifite à Sainte Marthe ; fa fœur Marie eft aux pieds du Sauveur qui écoute avec attention fa fainte parole, par *Claude Symppol*, en 1704.

9. Le Roi Hérode ayant donné par complaifance la tête de Saint Jean-Baptifte à Hérodiade fille de la femme de fon frere,

qu'il aimoit, on apporte dans un plat la tête du saint Précurseur de Jesus - Christ, qu'on présente à ce Roi lorsqu'il est à table, par *Louis Chéron*, en 1690.

10. La Résurrection de la fille de Jaïre, à qui notre Seigneur dit : Ma fille, levez-vous, je vous le commande. Aussi - tôt elle se leva, par *Guy de Vernansal*, en 1689.

De l'autre côté de la Nef, au-dessus du Roi Philippe le Bel.

1. Notre Seigneur apparoît à S. Pierre, à une des portes de la ville de Rome, dans le tems que cet Apôtre s'en retira. Il dit au Seigneur : Où allez-vous ? Je vais à Rome pour être crucifié encore une seconde fois, par *Jerôme de Sourlay*, en 1664.

2. Le martyre de Saint Jean l'Evangé-liste, enlevé pour être jetté dans une chaudiere d'huile bouillante dans la Ville de Rome, par *Claude Hallé* le pere, en 1662.

3. Le Martyre de Saint Simon, en Perse : Les bourreaux l'etendent sur un banc pour le scier ; l'un d'eux accommode une scie, tandis que cet Apôtre léve les mains & les yeux vers le ciel, d'où il envisage la cou-ronne du martyre, par *Louis Boullongne* le pere, en 1648.

4. Le martyre de Saint Etienne, l'un des sept Diacres, & le premier Martyre pour la foi de Jesus-Christ. Il est entre ses bourreaux, qui le conduisent au supplice, par *René-Antoine Houasse*, en 1675.

5. Le départ du Saint Paul, de l'Eglise de Milet. Il embrasse avec zèle les Fidéles avant de s'embarquer, par *Galloche*, en 1705.

6. Saint Pierre gardé dans la prison, où le Roi Hérode l'avoit fait mettre; & la nuit d'avant le jour où ce Roi avoit résolu de le faire conduire au supplice, comme cet Apôtre enchaîné dormoit entre deux soldats, l'Ange du Seigneur paroît pour le délivrer : ce lieu est rempli de la lumiere céleste, par *Jean - Baptiste Corneille* le jeune, en 1679.

7. Un homme né boiteux qui demandoit l'aumône à la porte du Temple, l'ayant demandée à Saint Pierre & à Saint Jean, le Prince des Apôtres lui dit : Je n'ai ni or ni argent, mais ce que j'ai, je te le donne : Au nom de Jesus-Christ Nazaréen, léve-toi & marche ; & fut guéri sur le champ, Par *Louis Sylvestre*, en 1703.

8. Les Magistrats de Philippe, Ville de Macédoine, ayant fait mettre Saint Paul & Sylas en prison ; lorsqu'ils font leur priére au milieu de la nuit, il se fait un grand tremblement de terre, les fonde-

mens de la prifon en font ébranlés , & les portes s'ouvrent, les chaînes fe rompent, le Geolier veut fe tuer croyant tous les prifonniers fauvés ; mais S. Paul lui crie : Ne vous faites point de mal , nous voici tous. On apporte de la lumiere , le Geolier fe jette en tremblant aux pieds des Apôtres, demande ce qu'il doit faire pour être fauvé, &c. par *Nicolas de la Platte Montagne*, en 1666.

9. Le Raviffement de Saint Philippe : le faint Diacre va trouver par l'ordre de Dieu à Gaza un Eunuque qui étoit un des premiers Officiers de Candace , Reine d'Etiopie , & Sur-intendant de tous fes tréfors, lui annonce Jefus-Chrift & le baptife ; & après la cérémonie , un Ange tranfporta faint Philippe dans la Ville d'Azot pour y répandre la femence de l'Evangile, par *Thomas Blanchet* de Lyon , en 1663.

Au-deffous de l'Orgue. Celui du milieu.

1. Saint Barthelemi délivrant la Princeffe d'Armenie , fille du Roi de Palemon , qui étoit poffedée du démon, par *C. Fr. Vignon* le fils , en 1668.

A la droite.

2. Le Centenier Corneille aux pieds de Saint Pierre, qui lui annonce Jefus-Chrift,

suivant l'ordre qu'il en avoit reçu de Dieu dans une révélation, par *Aubin Voüet*, en 1639.

3. S. Pierre & S. Jean à la porte du Temple, guérissant un homme boiteux de naissance, par *Georges Lallemand*, en 1630.

De l'autre côté.

4. Saint Pierre punissant de mort subite Ananie & Zaphire sa femme pour avoir menti au Saint-Esprit, par *Aubin Vouet*, en 1632.

5. S. Paul dans l'Aréopage, où il avoit été dénoncé comme Introducteur du nouveau Dieu ; il convertit saint Denis l'Aréopagite qui étoit Sénateur, & plusieurs autres Athéniens, par *Jean de Lestin*, en 1636.

Sous les bas côtés de la Nef, deux Tableaux qui sont adossés contre le mur, sur la gauche.

1. Les fils d'un Juif, Prince des Prêtres, nommé Scewa, alloient de Ville en Ville exorciser ceux qui étoient possédés du démon, en leur disant : Nous vous conjurons par Jesus-Christ que Paul prêche. Mais le malin esprit leur ayant répondu dans une des ces Villes, dit : Je connois Jesus, & je

ſçais qui eſt Paul ; & leur demanda : Qui êtes-vous ? Auſſi-tôt l'homme poſſédé ſe jetta ſur deux de ces Exorciſtes, & les traita ſi mal, qu'ils furent contraints de fuir de la maiſon tout nuds & bleſſés, par *Mathieu Elie*, en 1702.

A la droite.

2. L'Apparition de notre Seigneur aux ſaintes femmes, par *Marot*, en 1697.

Sous les bas côtés du Chœur, du côté de l'Archevêché.

1. L'Adoration des trois Rois, par *Vivien*, en 1698.

2. La Décolation de ſaint Jean-Baptiſte ; ſon corps eſt enlevé par ſes diſciples après que ſa tête eut été enlevée par la fille d'Hérodias en la préſentant au Roi Hérode, de qui elle étoit aimée, par *Audran*, en 1674.

3. Le repentir de ſaint Pierre : notre Seigneur le regardant, il ſe reſſouvint de ce que Jeſus-Chriſt lui avoit prédit, & pleura amérement ſa faute, par *Tavernier*, en 1699.

4. S. Paul défendant ſa cauſe devant le Roi Agrippa & la Reine Bérénice, leur ſouhaite à tous les deux le bonheur d'être

éclairés comme lui des lumiéres de l'Evangile, par *Villequain*, en 1656.

Du côté du Cloître.

5. Le Prophéte Agabus inspiré du Saint-Esprit, prédit à saint Paul ce qu'il doit souffrir pour le nom de Jésus-Christ à Jérusalem, par *Chéron*, en 1688.

6. S. Jean-Baptiste prêchant au peuple dans le défert, par *Parocel* le pere, en 1694. Ce Tableau eft eftimé des connoiffeurs.

6. La réfurrection d'*Eutique* par faint Paul dans la Ville de Troade; il s'étoit endormi fur une fenêtre pendant que cet Apôtre prêchoit, il tomba & mourut de fa chûte, par *Courtin*, en 1707. C'eft le dernier Tableau que les Orfévres ont donné.

Au-deffous de ces Tableaux des deux côtés du Chœur, il y a des figures gothiques, qui repréfentent une partie de l'Hiftoire du Nouveau Teftament. Au-deffous de ces mêmes figures, vis-à-vis la porte rouge par-où entrent les Chanoines pour aller à l'Office, on voit une pierre en bas-relief, fur laquelle eft la figure d'un homme d'Eglife, orné d'une Dalmatique; il eft à genoux, les mains jointes, le vifage tourné vers le Crucifix, avec cette inscription à côté : *Maître Pierre de Fayel, Chanoine de Paris, a donné 200 liv. pour aider a faire ces Histoires, & pour les nouvelles Voiriers qui sont sur le Chœur de ceans.*

Des Chapelles de cette Eglise.

Il y avoit anciennement dans cette Eglise quarante-cinq Chapelles ; à présent il n'en reste plus que trente-trois, depuis que plusieurs ont été réunies à une, & d'autres supprimées dans la croisée depuis l'embellissement de cette Eglise ; & dans la plus grande partie de ces Chapelles il se trouvent de grands Tableaux & un grand nombre de petits qui sont peints sur des panneaux encadrés dans des lambris, dont une bonne partie est très - estimée pour avoir été peinte par de-très-habiles Maîtres, & mérite l'attention des connoisseurs. On y voit aussi quelques figures & tombeaux remarquables.

Les deux principales Chapelles de cette Eglise ont été consacrées l'une à la Sainte Vierge, & l'autre à Saint Denis premier Evêque de Paris ; elles sont adossées au Jubé & font faces à la Nef, elles méritent trop d'attention pour les mettre en oubli. Leur décoration est estimée par le bon goût avec lequel le marbre & les dorures y ont été employés. Elles ont été édifiées aux dépens du Cardinal de Noailles Archevêque de Paris, ainsi que deux autres Chapelles qui ont été aussi rétablies par cette Eminence, dont l'une est du côté de l'Archevêché, & l'autre du côté du Cloître : Il a fait aussi rebâtir à neuf en 1726 & 1727, la Voûte qui est au-dessus du Crucifix du milieu de la croisée, & la grande Rose méridionale, au milieu de laquelle on a posé les Armes de ce Cardinal.

1. La Chapelle de la Sainte Vierge ; la Figure qui la représente avec son Fils Jesus est de marbre blanc, faite par *Vassé*.

Devant cette Chapelle sont suspendues sept lampes d'argent soutenues par une très-belle branche aussi d'argent, mais refondue depuis quelques années & augmentée de soixante marcs d'argent aux dépens du Chapitre, pour la renforcer, comme ayant été trouvée trop foible pour soutenir le poids des sept lampes qui y sont attachées, dont six ont été données par le Roi LOUIS XIV. & Marie-Trerese d'Autriche son Epouse, excepté celle du milieu qui est faite en forme de Navire, pesant vingt marcs, qui est un don de la Ville de Paris, donnée en 1605 par le Président Myron, alors Prévôt des Marchands, à la place du vœu que la Ville de Paris avoit fait à la Sainte Vierge le quatorze Août mil trois cens cinquante sept, d'une bougie tous les ans de la longueur du tour de cette Ville, pour cause de grand froid, & qui avoit été discontinué pendant vingt-cinq à trente ans. Ladite Ville entretient le luminaire des lampes qui brûlent alternativement nuit & jour devant cette Chapelle.

Au bas des marches de cette même Chapelle, il y a un caveau où est inhumé le Cardinal de Noailles, mort le 4 Mai 1729. Cette inscription se trouve gravée sur sa Tombe, qui est de marbre noir.

AD pedes Deiparæ,

Quam semper religiosè coluerat,

Hîc jacet;

Ut Testamento jussit,

LUDOVICUS ANTONIUS DE NOAILLES,

S. R. E. Cardinalis, Archiepiscopus Parisiensis,

Dux S. Clodoaldi, Par Franciæ,

Regii Ordinis SS. Spiritûs Commendator,

Provisor Sorbonæ, ac Regiæ Navarræ Superior,

Commissi sibi gregis

Sollicitudine Pastor, charitate Pater,

Moribus forma,

Domini suæ benè præpositus,

Domûs Domini zelo accensus,

In oratione assiduus in labore indefessus,

In cultû modestus, in victu simplex;

Sibi parcus, in cæteros sanctè prodigus

A teneris ad senium æqualis, idemque

Semper ***, prudens, mitis, pacificus,

Vitam transegit benefaciendo;

Ecclesiam Parisiensem

Annis XXXIV.

Rexit, dilexit, excoluit, ornavit.

Ejus munificentiam homines si taceant,

Hujus Basilicæ lapides clamabunt.

Obiit plenus dierum, omnibus flebilis,

Die Maii 4. Anno Domini 1729.

Ætatis 78.

Viro misericordi

Divinam misericordiam adprecare.

La même en François.

CY gist Messire LOUIS-ANTOINE DE NOAILLES, Cardinal de la sainte Eglise Romaine, Archevêque de Paris, Duc de Saint-Cloud, Pair de France, Commandeur de l'Ordre du Saint-Esprit, Proviseur de Sorbonne & Supérieur de la Maison Royale de Navarre.

II

Il a voulu, par son Testament, être inhumé au pied de l'Autel de la Sainte Vierge, à laquelle il a toujours eu une grande dévotion.

Pasteur plein de zéle pour son Troupeau, il en fut aussi le Pere par sa charité sans bornes.

Irréprochable dans ses mœurs, autant qu'aimable dans son extérieur, sa Maison fut un exemple de régularité.

Brûlant de zèle pour la Maison du Seigneur, assidu à la priére, infatigable dans les travaux Apostoliques, modeste dans ses ameublemens & dans tout son extérieur, sobre dans sa table, s'accordant à peine le nécessaire, généreux & saintement prodigue envers les autres : il conserva jusqu'à sa vieillesse le caractère d'égalité qui le rendoit respectable, même dans sa jeunesse.

Toujours pieux, prudent, doux, pacifique, il employa ses jours à faire de bonnes œuvres.

Il a gouverné, aimé, enrichi & orné cette Eglise pendant l'espace de 34 ans.

Si les hommes refusoient leur témoignage à sa générosité, les pierres de ce Temple lui rendroient cette justice.

Il mourut chargé d'années, regretté de tous, le 4 Mai 1729, âgé de 78 ans.

C

Priez Dieu de faire miféricorde à un Prélat, qui n'a ceffé d'être miféricordieux envers les Pauvres.

1. Vis-à-vis cette Chapelle, à côté du pillier, eft la Figure équeftre du Roi Philippe le Bel. Il eft à cheval, armé & caparaçonné felon la maniere de fon fiécle. Il s'eft ainfi préfenté, après avoir gagné la fameufe bataille de Mons en Puelle fur les Flamands qui s'étoient révoltés contre lui, où ce Roi courut grand rifque de fa vie. Ce fut le 18 Août 1304. Et tous les ans, à pareil jour, on en fait la mémoire dans cette Eglife.

2. La Chapelle de Saint Denis, faifant parallèle à celle de la Sainte Vierge, a été conftruite dans le même goût. La Figure qui repréfente Saint Denis eft de marbre blanc, faite par *Couftoux* l'aîné. C'eft fur cet Autel que les Docteurs de Sorbonne, auffi-tôt qu'ils ont reçu le Bonnet Doctoral, vont prêter ferment de défendre la la foi Catholique, ufqu'à l'effufion de leur fang.

A la droite en entrant dans cette Eglife.

3. La Chapelle de Sainte Anne. Elle doit une partie de fon embelliffement à la Reine Anne d'Autriche, & l'autre partie

au Corps des Orfévres , qui y ont eu leur Confrérie de sainte Anne & de saint Marcel jusqu'en l'an 1708. Le Tableau de l'Autel repréfente sainte Anne & la Sainte Vierge sa Fille devant le Temple, peint par *Simon Voüet*. La vie de la Sainte Vierge a été peinte dans les panneaux par *Vignon & Lallemand*.

4. La Chapelle de saint Barthelemi, qui eft celle des Chapelains , où tous les Vendredis & Samedis à fept heures du matin, fe dit une Meffe baffe pendant qu'on pfalmodie les Vigiles des Morts. Le Tableau de l'Autel repréfente le martyre de faint Barthelemy , que les bourreaux écorchent tout vif. C'eft un des plus beaux de tous ceux que *Baugin* a peints. Le grand Tableau vis-à-vis repréfente Notre Seigneur prêchant fur la Montagne , annonçant au peuple la vérité de la Religion, par *Poërfon* le fils, en 1683. Cette Chapelle a été nouvellement ornée avec beaucoup de goût. Les panneaux du fond du lambris repréfente l'Hiftoire de la Sainte Vierge ; & dans les autres panneaux à côté , différentes vûes de Notre-Dame. Tous ces petits Tableaux font d'un beau coloris , très - bien peints & très-eftimés des connoiffeurs. On peut dire avec vérité que la vûe eft très-fatisfaite en les regardant.

5. La Chapelle de saint Jacques & de saint Philippe. Le Tableau de l'Autel repréfente un Crucifix, peint par *Lenain*.

Le grand Tableau vis-à-vis repréfente la femme accufée d'adultère devant Notre Seigneur, qui avec fon doigt écrit fur la terre : Que celui d'entre vous qui eft fans péché lui jette la premiere pierre. Et le Seigneur renvoya cette femme, en lui difant de ne plus pécher, par *Renaut*, en 1701.

6. La Chapelle de faint Antoine. Le Tableau de l'Autel repréfente faint Michel à genoux devant la Sainte Vierge, par *Philippe Champagne*.

Le grand Tableau vis-à-vis, la réfurrection du fils de la Veuve de Naïm par Notre Seigneur, par *Guillebaut*, en 1691.

7. La Chapelle de faint Thomas de Cantorberi. Le Tableau de l'Autel repréfente la Sainte Vierge tenant fon Fils Jefus ; elle préfente un Rofaire à faint Thomas de Cantorbery & à faint Dominique, par *Lenain*.

Le grand Tableau vis-à-vis repréfente la mort de Tabithe dans la Ville de Joppé, qui fut reffufcitée par faint Pierre, qui après avoir fait fa priere, lui dit : Tabithe, levez-vous ; & elle fe leva dans le moment. Par *Dudot*, en 1639.

8. La Chapelle de saint Augustin, qui fait à présent partie de la Sacristie des Messes. Le Tableau de l'Autel représente une Nativité.

Le grand Tableau vis-à-vis représente Notre Seigneur guérissant plusieurs malades, par *Alexandre*, en 1692.

9. La Chapelle de sainte Marie-Magdeleine, qui fait l'autre partie de la Sacristie des Messes : il s'y trouve un grand Tableau peint par *Lemoine*, en 1630. C'est la représentation de l'ancienne Chapelle de la Sainte Vierge, & de deux miracles arrivés par son intercession, l'un le premier Mai 1625, envers une fille de Nogent-le-Rotrou, qui étoit percluse de tous ses membres ; & l'autre le seize Juillet 1628, sur *Jean Decarriére* de la Ville de Meaux, affligé d'une maladie qui lui avoit ulcéré les jambes, dont il fut guéri miraculeusement.

Le grand Tableau vis-à-vis représente Notre Seigneur apparoissant aux Apôtres, & à S. Thomas, qu'il guérit de son incrédulité en lui faisant mettre son doigt dans ses plaies, par *Arnault*, en 1693.

10. La Chapelle de saint Aignan. Le Tableau de l'Autel représente une Descente de croix, elle est dans le fond de la croisée du côté de l'Archevêché.

Autour du Chœur.

11. La Chapelle de saint Pierre & saint Paul. Le Tableau de l'autel repréfente ces deux Apôtres.

12. La Chapelle de S. Pierre le Martyre ; fa vie eft peinte fur les panneaux du lambris de cette même Chapelle. Le Tableau de l'autel eft le trépas de la Sainte Vierge, peint par *Lepouffin*, ainfi que le devant de l'autel, avant fon dernier voyage de Rome en 1623. Cet Ouvrage ne laiffe pas d'être très-eftimé, quoiqu'il ne foit pas de la plus grande force de cette habile Peintre François ; mais il a toujours été un beau prélude de fa maniére de peindre, ce qui l'a fort diftingué d'entre les Peintres de fon tems.

13. La Chapelle de faint Denis & de S. Georges. Le Tableau de l'autel repréfente une Notre-Dame de pitié. Dans cette même Chapelle, il y a deux Figures de pierre, élevées fur des colomnes ; l'une eft Denis du Moulin, quatre-vingt-dix-feptiéme Evêque de Paris, Patriarche d'Antioche, Cardinal, ci-devant Archevêque de Touloufe, & l'un des principaux Confeillers du Roi Charles VII. Il étoit originaire de la Ville de Meaux. Il mourut le 15 Septembre 1441 ; fes armes font

peintes au haut de la voûte. L'autre Figure est saint Denis son Patron.

14. La Chapelle de saint Gerand. Le Tableau de l'autel représente la Sainte Vierge tenant son Fils Jesus ; saint Gerand, Baron d'Aurillac, est derriere elle.

15. La Chapelle de saint Remy *dite des Urfins*, qui fut concédée par le Chapitre de cette Eglife à Jean Juvenal des Urfins, Baron de Trênel ; en confidération de fon zèle pour le bien public, & de fa fidélité envers fon Roi. Le Tableau de l'autel représente faint Claude, Archevêque de Befançon. Le tombeau qui est à côté est de marbre noir, élevé d'environ deux pieds, fur lequel est à genoux un homme vêtu de fa Cotte d'Arme : & derriere lui, une femme aussi à genoux, tous les deux habillés fuivant la mode de leur tems, c'est Jean Juvenal *des Urfins*, Baron de Trênel, mort en 1431, & Michelle Vitry fon Epoufe, morte en 1456.

Au-deffus de ce Tombeau est attaché, contre le mur un Tableau antique, peint fur bois, de onze pieds de long fur cinq pieds de haut : il est très-eftimé des connoiffeurs ; fur lequel on a peint ce Seigneur, fon Epoufe & onze de leurs enfans, qui font, 1. Jean Juvenal *des Urfins*, Evêque & Comte de Beauvais, Duc de

Laon, Comte d'Anesi, & Avocat Général au Parlement.

2 Juvenal *des Ursins*, Chevalier Conseiller du Roi, & Nicolle Michelle son Epouse.

3. Louis Juvenal *des Ursins*, Conseiller, Chambellan du Roi & Bailly de Troyes.

4. Jeanne Juvenal *des Ursins*, Epouse de Pierre de Chelles, Chevalier, & en secondes noces de Guichard, Chevalier, Seigneur de Boissy.

5. Eudes Juvenal *des Ursins*, Epouse de Denis des Marêts, Chevalier, Seigneur de Douvres

6. Denis Juvenal *des Ursins*, Chevalier, Echanson de Louis Dauphin de Vienne, Comte de Guyenne.

7. Sœur Juvenal *des Ursins*, Religieuse à Poissy.

8 Guillaume Juvenal *des Ursins*, Chevalier, Seigneur Baron de Trênel, Conseiller du Roi, Bailly de Sens, & Chancelier de France.

9. Pierre Juvenal *des Ursins*, Chevalier.

10. Michel Juvenal *des Ursins*, Seigneur de la Chapelle-Gautier.

11. Jacques Juvenal *des Ursins*, Archevêque, Duc de Rheims, premier Pair de France, Chevalier de l'Ordre du Saint-

Efprit, & Préfident de la Chambre des Comtes.

Cette Maifon eft confondue par fubfti-tution avec celle de Harville, par le ma-riage de Catherine des Urfins, fille de Chriftophe, Marquis de Trênel, Chevalier des ordres du Roi, & Gouverneur de Paris, avec Claude de Harville, auffi Chevalier des ordres du Roi. Efprit Juvenal de Harville *des Urfins* fut inhumé dans cette Chapelle en 1726; & à la fupplication de Marie-Magdeleine le Blanc fon époufe, les Vénérables Doyen & Chanoines de cette Eglife lui ont accordé que Claude le Blanc fon Pere, Secretaire d'Etat & Miniftre de la Guerre, feroit inhumé dans cette même Chapelle, ainfi qu'il eft marqué par leur Epitaphe, gravée fur un marbre blanc, attachée fur un des piliers de ladite Chapelle.

IN hoc avito Urfinorum Sacello
Reconditum eft corpus
Spiritûs Juvenalis de Harville des Urfins,
Marchionis de Trênel;
Qui bellica virtute infignis fuit,
Et Equitum Prætorianorum Legatus alter
Legatique primarii locum tenens,

Obiit anno 1720, decima die Novembris.

Hic etiam quiefcunt cineres

Spiritûs Juvenalis de Harville des Urſins,

Marchio de Trênel,

Quem Regni moderator Philippus,

Suæ Draconum turmæ præfecit,

Florentem in media juventutis ſpe,

Invida mors

Uxori, liberis, Regno erepuit,

Anno ætatis 28. Salute 1716. die

11 Julii.

Maria Magd. Petit de Paſſy, mulier

Rari exempli, propè pii generi cineres

Sepulta eſt

Anno 1727, 13 Aprilis; vixit annos 58.

Tenero dilectiſſimo, & uxori piiſſimæ diù

Superſtes non fuit

Claudius le Blanc,

Regi à Sanctoribus conſiliis,

Et rei bellicæ Adminiſter,

Vir privatim & publicæ clarus,

Qui non ſibi, ſed patriæ vixit.

Agreſſa eſt virum fortuna,

Probavit, non vicit;

Celer fuit ingenio, ore ſuavis,

Aditu facilis, civis; pater, amicus

159

Optimus, militum patronus,

Omnium amor & delicium.

Obiit anno 1728. die Maii 19.

Vixit annos 59. Quos virtus,

Pietas, Religio, dum viverent,

Conjunxerunt, variis post obitum

Distrahi tumulis noluit hujusce

Urbis & regni primariæ Basilicæ

Unanimis Canonicorum confessus.

Hunc titulum

Marito amantissimo, colendissimis

Ac dilectissimis parentibus Ludovica

Magdalena le Blanc, Marchionissa

De Trênel, ipsa mœrens lugensque posuit:

Dumque nullis ærumnis augeri posse

Existimabat, en heu

Infans dulcimus Simon Maria

Tristanus des Ursins,

Comes de Harville, in quo spes,

E sinu ejus ereptus est

Die 4 Julii, anno 1728.

Mense 18.

La même en François.

DAns cette Chapelle héréditaire des
Ursins, est conservé le corps d'Es-
PRIT JUVENAL *des Ursins*, Marquis de

Trênel, lequel s'eſt rendu recommandable par ſa valeur dans la guerre.

Il fut Lieutenant Général des Armées
du Roi.

Il décéda le 10 Novembre 1720.

Ici reposent aussi :

Eſprit Juvenal de Harville *des Urſins*,
Marquis de Trênel, que Philippe d'Orleans, Régent du Royaume, honora de la
Charge de Meſtre de Camp du Régiment
de ſes Dragons.

La mort l'enleva à ſon Epouſe, à ſes Enfans & à ce Royaume dans la fleur de ſa
jeuneſſe, âgé ſeulement de 28 ans, le 11
Juillet de l'an 1726.

Marie - Magdeleine Petit de Paſſy ſa
Belle-mere, femme d'un rare mérite, eſt
enterrée auprès de ſon Gendre.

Elle mourut âgée de 58 ans, le treize
Avril 1727.

Claude le Blanc ſon Beau-pere, Miniſtre
& Secrétaire d'Etat au Département de la
Guerre, ne ſurvêquit pas long-tems à ſon
Gendre & à ſon Epouſe.

Il étoit également recommandable par
ſes mœurs & par ſa ſagacité dans les
grandes affaires dont il étoit chargé.

Il conſacra ſa vie au ſervice de ſa Patrie,
au mépris de ſes propres intérêts.

La fortune lui fut contraire, mais elle n'abattit jamais son courage.

Il avoit l'esprit vif, l'extérieur doux, l'abord facile.

Il étoit bon Citoyen, bon Pere, & excellent Ami.

Il fut le Protecteur des Gens de guerre, l'amour & les délices de tout le monde.

Il mourut le dix-neuf Mai 1728, âgé de 59 ans.

Le Chapitre de cette Cathédrale a voulu que le même tombeau renfermât ceux que la Religion & la piété avoient unis pendant leur vie.

Magdeleine le Blanc, dans l'excès de sa douleur, a fait ériger ce Monument aux cendres de son cher Epoux & de ses illustres Parens.

Et dans les tems qu'elle pensoit avoir atteint le terme de ses malheurs, la mort enleva de son sein, Simon-Marie Tristan des Ursins, Comte de Harville, son fils & son unique espérance.

Il mourut le 4 Juillet l'an 1728, âgé de 18 mois.

16. La Chapelle de saint Pierre & de saint Michel, que les Vénérables Doyen & Chanoines de cette Eglise ont concédée à M. l'Abbé d'Harcourt, Chevalier, Com-

mandeur de l'Ordre du Saint - Efprit ,
& Chanoine Honoraire de ladite Eglife ,
pour fervir de fépulture à fon illuftre Maifon. Cette Chapelle a été rétablie à fes dépens. Elle eft ornée de panneaux & lambris
de marbre très-choifi, accompagnés d'ornemens de bronze d'orée , mais fans confu-
fion , quoique très-noble dans fa conftruc-
tion. On lit dans un des panneaux de marbre blanc à côté de l'autel, cette infcription
Françoife :

Par Délibération & Acte Capitulaire
du 9 Mars 1746 le Chapitre de l'Eglife de
Paris a accordé cette Chapelle à la Maifon
d'Harcourt pour lui fervir de fepulture ,
& en conféquence ont été inhumés
le 16 Mars 1748 , François Marquis
d'Harcourt , qui n'étant encore âgé que de
19 ans 5 mois 10 jours , étoit déja Meftre
de Camp du Régiment d'Harcourt , Cava-
lerie , & reçu en furvivance de la Charge
de Capitaine des Gardes du Corps du Roy ,
dont étoit revêtu le Maréchal Duc d'Harcourt fon pere.

Le 12 Juillet 1750, François Duc d'Harcourt , Pair & Maréchal de France , Chevalier des Ordres du Roi , Capitaine des
Gardes du Corps de Sa Majefté , & Gouverneur de Sedan. Il étoit âgé de 60 ans.

Le 28 Septembre de la même année

1750 , Louis-Abraham d'Harcourt, Chanoine & ancien Doyen de l'Eglife de Paris, Docteur en Théologie, Commandeur des Ordres du Roi, Duc & Pair de France, Abbé Commandataire de Notre-Dame de Signy & de Saint-Taurin d'Evreux. Il étoit âgé de 56 ans.

Le 16 Décembre de la même année, Marie-Anne Brulard de Genlis, veuve de Henry Duc d'Harcourt, Pair & Maréchal de France, Chevalier des Ordres du Roi, Capitaine des Gardes du Corps de Sa Majefté, Général de fes Armées, Gouverneur de Tournay, & Ambaffadeur extraordinaire à la Cour d'Efpagne. Elle étoit âgée de 82 ans.

Le 26 du même mois de Décembre 1750, Claude-Louife d'Harcourt, veuve de Gabriel-René-Sire de Maillot, ancien Baron de Normandie, âgée de 54 ans, laquelle avec l'agrément des Vénérables Doyen & Chanoines de l'Eglife de Paris, a fondé à perpétuité un Service pour le repos de fon ame & de celles du Maréchal d'Harcourt & fon Epoufe fes pere & mere, & de celles du Maréchal & de l'Abbé d'Harcourt fes freres, auprès defquels fon Corps eft inhumé.

Le Vitrage de cette Chapelle eft remarquable tant par la beauté de la peinture qui y eft employée, que par le verre, dont les couleurs font très-vives & par les fujets qu'il repréfente. On voit au haut de ce vitrage, le Paradis avec toute la Cour célefte ; & au bas les Papes, Empereurs, Rois, Reines, Légats, Cardinaux, Archevêques, Evêques, Religieux, Religieufes, & autres perfonnes de tout Etat, qui tous afpirent à cette divine Cour ; & au-deffus, dans un panneau du vitrage, on lit ces mots :

Ardens effufio animæ cœleftem
Patriam defiderantis.

Quando erit illa dies pretiosâ
morte folutus
Quâ fruor ore Dei ? Quando erit illa dies ?

Refponfio Chrifti.

Difce mori , ut docui, fi vis quod pofcis habere.
Difce , velut docui vivere , difce mori,
Tunc erit illa dies votorum plena tuorum,
Sic bene viventi, venerit illa dies.

EN FRANÇOIS.

Soupirs ardens de l'Ame qui defire de voir
fa célefte Patrie.
Quand viendra ce jour. où dégagé des

liens de ce corps par une mort précieuse, je jouirai de la préfence de Dieu ? Quand viendra cet heureux jour ?

Réponfe de Jéfus-Chrift.

Apprenez à mourir comme je l'ai enfeigné, fi vous voulez obtenir ce que vous demandez. Apprenez à vivre, apprenez à mourir comme je l'ai enfeigné, alors luira pour vous ce jour qui mettra le comble à vos vœux. C'eft ainfi que ce jour arrivera pour quiconque vit bien.

17. Les Chapelles de faint-Jacques, de faint Crêpin, & de faint Etienne : ces trois Chapelles n'en font qu'une à préfent, dans lefquelles fe tient la Confrérie des Cordonniers, fous le bon plaifir de Meffieurs du Chapitre de cette Eglife. Le Tableau de l'autel du milieu eft un Crucifix. Aux deux autres autels, la Réfurrection & l'Afcenfion de Notre Seigneur, peint par *Beaugin*. A la droite eft un grand Tableau qui repréfente la féparation de faint Paul & de faint Barnabé dans la Ville d'Antioche, par *Ballin*, en 1676.

L'autre qui eft vis-à-vis repréfente faint Pierre donnant le baptême au Centenier Corneille, par *Corneille* le pere, en 1658.

Les Cordonniers ont fait une dépenfe

confidérable pour embellir ces trois Chapelles ; & le jour de faint Crêpin & faint
Crêpinien leurs Patrons , ils font tendre
quatre belles piéces de Tapifferies qui repréfentent le martyre de ces deux Saints.

18. La Chapelle de faint Nicaife , dans
laquelle fe trouve un Tombeau de marbre
blanc & noir , élevé environ de trois pieds,
fur lequel eft couchée une figure d'Evêque
en marbre blanc , repréfentant Simon de
Matifas de Buffy, quatre-vingtiéme Evêque
de Paris , mort le 23 Juin 1304. On voit
auffi en dehors de cette Chapelle fa Statue
de pierre , élevée fur deux piliers qui fupportent une pierre fur laquelle on lit ces
mots :

*Cy eft l'Image de bonne mémoire , Simon
de Matufas , Evêque de Buffy , & jadis
Evêque de Paris ; par qui furent fondées
premiérement ces trois Chapelles où il gift,
en l'an 1304.*

Ces trois fufdites Chapelles font , faint
Nicaife , faint Rigobert , & faint Louis.
Cet Evêque a fait plufieurs autres dons
confiderables à cette Eglife. Au-deffus de
ce Tombeau eft un grand Tableau peint
fur bois par *de Hery* ; il repréfente le Jugement univerfel.

19. Les Chapelles de faint Rigobert
& de faint Louis , qui faifoient partie de

celle de faint Nicaife, n'en font qu'une à
préfent, depuis que le Chapitre de cette
Cathédrale les a concédées le dix Mai 1602,
au Cardinal Pierre de Gondy, cent feptiéme Evêque de Paris, pour fervir de fépulture à cette illuftre Maifon. Les deux
tombeaux qui font dans cette Chapelle
font élevés chacun fur quatre colomnes
de marbre noir qui fupportent un entable-
ment fur lequel font repréfentées à genoux
deux Figures d'hommes en marbre blanc,
ayant les mains jointes & priant Dieu, au-
deffous defquelles font leurs Tombeaux en
forme de Cuves couronnées d'Urnes à
l'antique. A la droite eft celui d'Albert
de Gondy, Duc de Reſt, Pair & Maréchal de France, Général des Galeres,
mort eu mil fix cens deux ; & l'autre
qui eft à la gauche, repréfente Pierre de Gondy fon frere, Cardinal &
Evêque de Paris, mort en 1616 Leurs
Epitaphes font gravées fur les flancs des
Cuves. Cette Chapelle eft ornée de panneaux & lambris en peintures & dorures,
repréfentant les armes, devifes & infcription de cette illuftre Maifon.

Le Tableau de l'autel eft fingulier; c'eft
un Crucifix d'après *Michel Ange* ; le Cardinal de Gondy eft auprès ; la Sainte Vierge
qui eft de l'autre côté a un air affuré, pen-

dant que les Anges qui font au - deſſus verſent des larmes ; c'eſt une idée particu-liére de ce fameux Peintre , pour exprimer d'un côté la foi & la conſtance de la Mere de Dieu ; & de l'autre côté , l'intérêt que le Ciel prend au Déicide commis par les Juifs en la perſonne de Jeſus-Chriſt. L'o-riginal de ce Tableau eſt dans le Cabinet du Grand Duc de Florence. On voit au bas du marchepied de l'Autel une petite Tom-be de marbre noir , avec une inſcription au-deſſus , dans lequel Tombeau ſont les entrailles de François de Harlay , Arche-vêque de Paris , Duc & Pair de France.

Vis-à-vis cette Chapelle eſt une niche ornée de ſcupltures & dorures ; elle ſe trouve adoſſée derriere l'Autel des Féries : c'eſt le lieu où eſt expoſé à la vénération des Fidèles , la Châſſe de ſaint Marcel , Evêque de Paris : cette Châſſe eſt de ver-meil doré , faite en forme d'Egliſe avec deux bas côtés ; elle eſt couverte de fleur-de-lis cizelées d'applique , dans des comparti-mens à lozange , dont les enfoncemens ſont de lames d'or enrichis tout autour de pluſieurs figures d'or , repréſentant la vie du Saint ; le vîtrage eſt d'or émaillé , avec un grand nombre de toutes ſortes de pier-res précieuſes.

Tous les ans le jour de l'Aſcenſion ,

cette Châsse est portée en grande cérémonie par le Corps des Marchands Orfévres de Paris , accompagnés du Chapitres de cette Eglise & de ses quatre Filles , tous revêtus de Chapes , & de Monseigneur l'Archevêque de Paris , revêtu de ses habits Pontificaux , assisté aussi de ses quatre Filles. A cette Procession générale , qui se fait tous les ans à pareil jour , se trouve un grand concours de peuple dont la plus grande partie est attirée par la dévotion , & l'autre partie est attirée par la curiosité de voir cette célébre cérémonie.

20. La Chapelle de la Décolation de saint Jean-Baptiste. Cette Chapelle a été décorée en 1728 , avec beaucoup de goût. La Figure de la Sainte Vierge qui est sur l'autel est d'albâtre , pour qui a été fait le retable qui est estimé des connoisseurs. On estime aussi un Tableau peint sur bois par *G. Hurel*, il est encâdré dans la boiserie ; il représente l'Assomption de la Sainte Vierge.

21. Les Chapelles de saint Eutrope & de sainte Foy. Ces deux Chapelles n'en font qu'une depuis que Messieurs les Vénérables Doyen & Chanoines de cette Eglise les ont concédées à Charles-Gaspard-Guillaume de Vintimille du Luc des

Comtes de Marſeilles , Duc de S. Cloud, Pair de France, Chevalier Commandeur de l'Ordre du Saint-Eſprit , & Archevêque de Paris, pour ſervir de ſépulture à ſon illuſtre Famille : Il fut inhumé dans le Chœur le 13 Mars 1746. Cet illuſtre Prélat l'a fait rétablir & orner avec beaucoup de goût à ſes dépens. On peut dire que l'or y brille de toutes parts. Les panneaux & lambris qui ſont autour du dedans de cette Chapelle ſont aſſez bien décorés. Le Tableau de l'autel repréſente ſaint Charles Boromée , Cardinal , qui communie les peſtiférés , peint par *Charles Wanloo.* Le grand Tableau vis-à-vis repréſente ſaint Pierre en priſon, dans le moment que l'Ange du Seigneur le délivre de ſes chaînes, peint par *Voüet* le pere, en 1640.

22. Les Chapelles de ſaint Martin , de ſainte Anne , de ſaint Michel n'en font plus qu'une , depuis que Meſſieurs les Vénérables Doyen & Chanoines de cette Egliſe les ont concédées à Louis-Antoine de Noailles , Duc de Saint-Cloud , Pair de France, Chevalier Commandeur de l'Ordre du Saint-Eſprit & Archevêque de Paris , en conſidération des dépenſes que cet illuſtre Prélat a fait à cette Egliſe , & lui ont accordé le droit de ſépulture pour tous ceux de ſon illuſtre Maiſon, comme un

monument perpétuel de l'estime particu-
liére qu'ils ont toujours eu pour ses rares
qualités vraiment pastorales, qui ont jus-
tement attiré à cet Archevêque la vénération de tout le Royaume.

Le rétablissement de cette Chapelle a
été fait aux dépens de cet illustre Cardinal,
sous la conduite de M. *de Beaufront*, Architecte du Roi, sous l'invocation de saint
Louis Roi de France, & de saint Maurice.
La grand Tableau qui est au-dessus de l'autel est une Assomption de la Sainte Vierge,
sculpté en bas-relief par *Fremin*, & ap-
pliqué sur un marbre jaspé. L'or y est
prodigué par-tout, même sur les nuages
qui se confondent avec les Anges & les
Chérubins, ce qui fait un effet admirable.
Le bas-relief qui est au-dessous représente
Notre Seigneur qui donne les clefs à saint
Pierre. Aux deux côtés de cet autel sont
deux figures de marbre blanc en rond-de-
bosses, de grandeur naturelle, élevées &
posées sur des piedestaux aussi de marbre,
dont l'une représente saint Louis Roi de
France, & l'autre saint Maurice. Ces trois
morceaux ont été exécutés par *Bousseau*.
Le lambris & les panneaux qui font le
pourtour de cette Chapelle, font de marbre choisi de différentes couleurs. On voit
sur la corniche de ce lambris, entre les

deux croisées , une Urne de porphire , qui
renferme le cœur de cette Eminence ; &
au-deſſous dans un grand panneau , le
Chapitre de Notre-Dame a fait graver
une inſcription latine , en mémoire des
grands biens que cet illuſtre Archevêque a
fait à cette Egliſe.

Inſcription Latine.

E Minentiſſimo & Reverendiſſimo
Ludovico-Antonio de Noailles,
S. R. E. Cardinali , Pariſienſi Epiſcopo ,
Duci S. Clodoaldi , Pari Franciæ , Regii
Ordinis S. Spiritûs Commendat. &c.
Ob reſarcitas & inſigniter decoratas
Complures hujus Ædis partes ;
Caduca multis locis hæc Baſilica
Graviores in poſterum ruinas minabatur ,
Neceſſarios tanto operi ſumptus in ſe
Unum recipere voluit piè magnificus
Pontifex ,
Nec ſatis habuit inſtaurare ſacra
Tecta Templi ,
Atque infirma & laborantia fulcire ,
Niſi inſuper
Cariſſimam ſibi ſponſam , alienus
Ipſe ab omni
Faſtu eleganter adornaret ;

Sic

Sic autem Divinæ Domûs decori
Consuluit, ut inde
Nihil detrimenti viva Christi Templa
Caperent.,
Cui munificentiæ non magis ex
Annuis reditibus,
Quàm ex uberi modestiæ, & frugalitatis
Fundo suffecit,
Locandæ decentiùs Marcelli
Capsæ,
Ædiculum ponè Sanctuarium
Condidit
Duplicem ambonem, & applicata
Utrique
Altaria excitavit.
Cameram decussatam, sub minori
Campanili
Fastiscentem demolitus, Novam construxit.
Templum interius, deterso veteri
Situ, pristino
Nitori restituit;
Plumbeum tectum vetustate detritum
Instauravit,
Effictam in modum rosæ majorem
Fenestram
Quæ spectat ad meridiem, refecit;
Sacellum hoc humandis gentilium
Suorum

D

Nepotibus aſſignatum , decoravit.

Capitulum Pariſienſe grati erga

Optimum Patrem & ſanctiſſimum

Præſulem animi monumentum

Poſuit ,

An. R. S. M. D CC. XXVII.

La même Inſcription en François.

A l'Eminentiſſime & Révérendiſſime Louis-ANTOINE DE NOAILLES, Cardinal de la Sainte Egliſe Romaine , Archevêque de Paris , Duc de S. Cloud , Pair de France , Commandeur de l'Ordre du Saint-Eſprit , &c.

Ce pieux & généreux Prélat a fait réparer à ſes dépens, & orner magnifiquement pluſieurs endroits de cette Egliſe , qui tomboient en ruine.

Ennemi de tout faſte auquel il avoit renoncé , il ſe fit un devoir de contribuer à ce qui pouvoit ſervir d'ornement à cette Egliſe , qu'il chériſſoit comme ſon épouſe, & fit enſorte par la ſolidité des ouvrages qu'il y a fait conſtruire , que les Temples vivans de Jeſus-Chriſt n'y couruſſent aucun riſque.

Il épargna ſur ſes revenus , & ſe réduiſit à une extrême frugalité , pour ſubvenir à cette dépenſe immenſe,

Il a fait placer décemment la Châsse de saint Marcel derriere le Sanctuaire.

Il a fait construire les deux Jubés & les deux magnifiques Autels qui y sont appliqués.

Il a fait démolir la Voûte de dessous le petit Chocher, qui menaçoit ruine ; & l'a fait rebâtir à neuf.

Il a fait blanchir l'intérieur de cette Eglise , que le temps avoit rendue fort sale.

Il a fait rétablir les Plombs qui couvrent le Toît, qui étoient dépéris par la vétusté.

Il a fait refaire à neuf la grande Rose du côté du midi.

Il a fait orner cette Chapelle , pour servir de sépulture à sa Famille.

Le Chapitre de l'Eglise de Paris , dont il étoit le Pere par sa bonté & sa générosité , lui a consacré ce Monument, l'an de Notre Seigneur **J. C. M. DCC. XXVII.**

L'autre grand panneau de marbre blanc qui est de l'autre côté , est réservé pour y graver l'Epitaphe d'Anne - Jules Duc de Noailles , Maréchal de France, premier Capitaine des Gardes du Corps du Roi, Gouverneur de Roussillon , & Viceroi de Catalogne. La sagesse de sa conduite dans

les Emplois dont il a été chargé, & fa
grande probité lui avoient acquifes la con-
fiance du Roi Louis XIV. Cet Augufte
Monarque, pour le récompenfer des
grands fervices qu'il a rendus à l'Etat,
le fit Chevalier Commandeur de l'Ordre
du Saint-Efprit en 1688, & Maréchal
de France en 1695 Il avoit époufé en
1671, Marie-Françoife de Bournonville,
& décéda le 2 Octobre 1708, âgé de 50
ans. Le Maréchal de Noailles, neveu du
Cardinal, fait faire un grand Tableau avec
fa riche bordure qui repréfentera le Jugement univerfel, peint par *M. Natoir*. Il
doit être pofé vis-à-vis celui de l'Autel.

23. La Chapelle de Saint Féréol & de
faint Ferrurtien, fondée en 1320 par Hugues de Befançon, Chantre & Chanoine
de cette Eglife; & depuis décorée, avec
beaucoup de magnificence, par Michel
le Mafle, Prieur, Chantre & Chanoine de
cette même Eglife, & Secrétaire des Com-
mandemens du Cardinal Duc de Richelieu.
Il a fait peindre par *Philippe de Champagne*,
les panneaux du lambris, dont les fujets
font tirés de l'ancien & du nouveau Teftament. On voit dans cette même Chapelle la Tombe de Pierre de l'Efcot,
Abbé de Cluny & Chanoine de Notre-
Dame, décédé en 1578, âgé de 68 ans.

Il a excellé dans l'Art de l'Architecture sous les quatre derniers Rois de la Race des Valois. Une partie du Louvre a été bâtie sur ses desseins.

Le Tableau de l'Autel, est saint Michel qui terrasse le Démon, peint par *Lalle-mant*.

Le grand Tableau vis-à-vis, l'Annon-ciation de la Sainte Vierge.

24. La Chapelle de saint Jean-Baptiste & de la Magdeleine. Le Tableau de l'au-tel représente Notre Seigneur au Jardin des Olives, conforté par un Ange dans son agonie. Dans les panneaux, Saint Yves a peint, les Quatre Fins de l'hom-me, le Repentir & la Pénitence de saint Pierre.

25. La Chapelle de saint Eustache. Le Tableau de l'autel représente la Transfi-guration de Notre Seigneur, peint d'après *Raphael*. Vis-à-vis, il y a un Tombeau de marbre noir, qui est celui du Maréchal de Guébriant, tué d'un coup de canon en 1643, au Siége de Rotweil. Pour honorer les services qu'il avoit rendus à l'Etat, le Roi Louis XIII. le fit inhumer avec pompe dans cette Eglise : on devoit ériger un ma-gnifique Tombeau à la gloire de ce fa-meux Général ; on ignore ce qui en a em-pêché l'exécution. Il avoit épousé Renée

du Bar Crêpin , fille du Marquis de Var-
des ; Elle mourut à Périgueux le 2 Septembre 1659 , & fut inhumée auprès du
Maréchal son mari : Elle avoit été employée dans différentes négociations, principalement en Pologne , avec le titre
d'Ambassadrice extraordinaire, (ce qu'on
n'avoit pas encore vu d'une femme.) Leur
Epitaphe est gravée sur un marbre noir qui
est au-dessous du Tombeau, ainsi qu'il suit :

P I I S & heroïcis manibus

JOANNIS-BAPTISTÆ DE BUDES , Comitis

De Guébriant , Galliæ polemarchi ;

Qui ex antiquâ Britaniæ minoris Gente éditus,

Per omnes militiæ gradus ad re ibellicæ

Apicem solo virtutis suffragio evectus ,

Germaniam implevit rerum gestarum

Gloriâ , & post multas victorias,

In obsidione Rothvelliæ urbis lethaliter

Vulneratus , captâ urbe,

Exercitûs , desiderio , & Reip , damno

A vivis sublatus est , die 24 Novembris 1643 ,

Ætatis , 42.

Delphino filio moderatorem

Destinaverat Ludovicus Justus,

Galliæ Rex,

Funere

Demùm Regio elatus frequenti ;

Ordinum concursu in hac orbis Gallici
Principe Basilica honorificè
Conditus est.
Hîc etiam sita est
Renata Dubec-Crêpin ,
Incomparabilis fœmina
Natalium splendore , & virtutum gloria ,
Non impar marito uxor , quæ inter
Viduitatis luctum & lacrymas
A Christianissimo Rege seren.
Et Poliniæ Reginæ Mariæ Gonzagæ ,
Comes itineris addita :
Suprà sexûs conditionem , & ad
Singularem prudentiæ commendationem
Legationis munere fungens
Apud Septentrionis Principes,
Germaniam , Poloniam , Italiam ,
Et alias orbis plagas.
In administrationem sui traxit ,
Tandem à Ludovico Magno
Regiæ sponsæ Mariæ Theresiæ
Electa Comes honoraria
Dum in Aquitaniam ad Reginam
Purgeret apud Petrocorios obiit.
Die Septemb. 1659 , ætati 59.
Hîc etiam marito justa persolvi
Singulis annis curavit
Die XXIV. Novembris.

La même en François.

CY gist Jean-Baptiste de Budes, Comte de Guébriant, Maréchal de France; issu d'une des plus anciennes Maisons de Bretagne.

Lequel, après avoir passé par toutes les différens grades de la Guerre, parvint par sa valeur au dégré le plus éminent.

Il laissa dans toute l'Allemagne des monumens de sa gloire, & après avoir remporté plusieurs victoires, il fut blessé mortellement au Siége de Rotweil.

Il mourut après le Siége de la Ville, également regretté des Soldats & de l'Etat.

Louis le Juste l'avoit désigné Gouverneur de son Fils.

Il a été inhumé dans cette Métropole avec une pompe vraiment royale, à laquelle les différens Ordres de l'Etat se sont fait un devoir d'assister.

Ici repose aussi Renée du Bec-Crêpin, qu'on pouvoit appeller une femme incomparable, digne par sa haute naissance & par ses vertus d'être l'épouse d'un si grand homme.

Pendant son veuvage, le Roi voulut qu'elle accompagnât dans son voyage Marie de Gonzague, Reine de Pologne.

Elle fut revêtue du titre d'Ambassadrice extraordinaire en Pologne, (honneur qui étoit au-deſſus de ſon ſexe,') & dont elle fut redevable à ſa prudence & à ſes rares qualités.

Elle fut auſſi employée dans différentes négociations auprès des Princes du Nord , d'Allemagne, de Pologne, d'Italie , & d'autres Souverains de l'Univers.

Enfin , Louis XIV. l'ayant élevée à la dignité de Dame d'honneur de la Reine Marie-Thérèſe ſon épouſe , elle mourut à Périgueux en allant en Guyenne trouver la Reine , au mois de Septembre 1659 , âgée de 59 ans.

Elle a fondé un Service, qui ſe célèbre dans cette Egliſe tous les ans le 24 Novembre, pour le repos de l'ame de ſon époux.

Au-deſſus de ce Tombeau , il y a un petit Tableau très-eſtimé ; c'eſt la Cêne de N. S. peint ſur bois par *de Somme*.

26. La Chapelle de ſaint Jean l'Evangéliſte & de ſainte Agnès.

27. La Chapelle de Notre-Dame de Lieſſe , à côté de la croiſée du Cloître. Le Tableau de l'autel repréſente la Ste. Vierge tenant ſon fils Jeſus.

En ſuivant ſur les bas côtés.

28. La Chapelle de ſaint Nicolas. Le

Tableau de l'autel repréfente faint Nicolas & faint Charles Boromée.

29. La Chapelle de fainte Catherine. Le Tableau de l'autel repréfente cette Sainte, avec les inftrumens de fon martyre, nouvellement peint par M. *Vien*. Le Chapitre a concédé cette Chapelle à M. l'Abbé de la Grange, Chanoine de cette Eglife, pour lui fervir de fépulture; lequel a laiffé par fon teftament un fond confidérable pour la décorer, tel qu'on la voit aujourd'hui : Elle eft ornée d'une belle boiferie & dorure. Le Tombeau qui eft vis-à-vis l'autel a été exécuté par M. *Adam*; il eft fait en pyramyde, compofé de différens marbres choifis & veinés, orné de dorures, au milieu duquel eft pofé un marbre blanc, où fe trouve le portrait en bas-relief de cet illuftre Abbé, où au bas de ce même Tombeau, on lit cette Epitaphe:

DEO OPTIMO MAXIMO.

HIC JACET

Beatam expectans refurrectionem,
Carolus de la Grange-Trianon,
Diaconus Parifinus à die feptimâ menfis
Aprilis 1679.
Hujufce Ecclefiæ Canonicus à die quartâ
Aprilis 1728. Jubilæus

Abbas Baro Sancti Severi in suprema Curia
Parlamenti Senator,
Urbanitate quâ generis Nobilitati par esset
æquabilitate vitæ
Beneficiæ in omnes voluntate omnibus Carissimus;
Decorem Domûs ejus imprimis dilexit,
Chorum eleganti ditavit Aquilæ
Sacellum istud suo ære ornavit.
Obiit die Veneris decimâ mensis Julii.
Anno 1733.
Octoginta annos natu.
Requiescat in pace.

LA MESME EN FRANÇOIS.

ICi repose, en attendant la résurrection bienheureuse, CHARLES DE LA GRANGE-TRIANON, ordonné Diacre à Paris le 7 Avril 1679, & Chanoine de cette Eglise le 4 Avril 1728, Abbé Baron de Saint-Sévére, & Conseiller au Parlement.

Sa douceur égaloit la noblesse de son extraction; il s'attira l'amour de tous ceux qui le connoissoient par l'égalité de son humeur & par la générosité. Il a sur-tout aimé à orner cette Eglise.

Il a fait présent d'un magnifique Aigle pour être placé dans le Chœur, & a orné cette Chapelle à ses dépens.

84

Il mourut le 10 Juillet 1733, âgé de
80 ans.

Requiescat in pace.

30. La Chapelle de saint Julien-le-
Pauvre, & de sainte Marie d'Egypte. Le
Tableau de l'autel repréfente l'Abbé Zo-
zime donnant la fainte Communion à
fainte Marie l'Egyptienne, Solitaire, fi fameufe au cinquiéme fiécle par fa pénitence.
Ce Tableau eft eftimé & eft un des meil-
leurs de ceux que *Baugin* a peints ; il eft
gravé par *Duflos*. Le grand Tableau qui
eft vis - à - vis, repréfente les Noces de
Cana, où Notre Seigneur fit fon premier
miracle, en changeant l'eau en vin, par
Cotelle, en 1631.

31. La Chapelle de fainte Geneviéve.
Le Tableau de l'autel repréfente la Sainte
Vierge avec fon Fils Jefus, faint Jean-
Baptifte & fainte Genevieve.

32. La Chapelle de faint Leonard. Le
Tableau de l'autel repréfente ce Saint, peint
par *Philippe Champagne*. Le grand Tableau vis-à-vis, eft un vœu de Madame la
Grande Ducheffe, au fujet de fa maladie,
peint par *Dumefnil* le pere.

En entrant dans cette Eglife, on voit
fur la droite une figure coloffale ; c'eft la
repréfentation de faint Chriftophe, tra-

verfant les eaux , ayant fur fes épaules un Enfant , qui eſt Jeſus-Chriſt. Cette Statue a 28 pieds de hauteur , ſon pied , une aulne de long & ſon pouce un pied de Roi. Au bas de cette Figure , il y a un Autel où on dit des Meſſes tous les ans le jour de la Fête de ce Saint. Dans un enfoncement au-deſſus de cet Autel , on voit un Vieillard mourant , ſoutenu par ſes fils , & qui après ſa mort , eurent diſpute entr'eux au ſujet de ſa ſucceſſion, prétendant tous, chacun en leur particulier , être le ſeul fils légitime. Ils étoient quatorze freres ; & pour les mettre d'accord , il fut dit , que celui d'entr'eux qui décocheroit ſa fléche le plus près du cœur , auroit l'héritage du pere ; pour cet effet , on l'attacha à un arbre qu'on voit à la droite : & de l'autre côté , les quatorze freres ſont deux à deux à la file , tenant l'arc , & décochant leurs fléches ſur le Vieillard. Parmi ce nombre , il s'en trouva un qui eut horreur de cette barbare action ; & plûtôt que de tremper ſes mains dans le ſang de ſon pere , quoique mort, il renonça à l'héritage. On reconnut alors qu'il étoit le ſeul fils légitime ; & la force du ſang l'ayant emporté ſur l'intérêt , on lui adjugea la ſucceſſion de ſon pere.

Vis-à-vis la grande figure de ſaint Chriſ-

tophe, on voit un homme qui est à genoux sur une pierre quarrée, soutenue par
une colomne ; autour de cette pierre, on
lit ces mots : *C'est la Représentation de*
noble homme Messire Antoine des Essarts,
Chevalier, jadis Sieur de Thierre, & de
Clatigny au Val de Galie, Conseiller &
Chambellan du Roi notre Sire, Charles VI.
de ce nom ; lequel Chevalier fit faire cet
grand Image & remembrance de Monsieur
saint Christophe, en l'an 1413. Priez Dieu
pour son ame.

A l'autre gros pilier, qui est vis à-vis
saint Christophe, est attaché un petit Tableau ; c'est un vœu fait à la Sainte Vierge,
par un homme, qui en passant sous le petit Châtelet, une Charrette chargée de
moëlons lui passa sur le corps sans être
blessé. Ce fait est encore au haut de ce Tableau.

L'Orgue de cette Eglise est posé au-dessus de la grande porte du milieu, & fait
face au Chœur : il a été rétabli à neuf depuis quelques années, & a été augmenté
de quatorze cens tuyaux ; il est très estimé
comme étant le plus complet du Royaume,
par le nombre de jeux dont il se trouve
composé, contenant plus de huit mille
tuyaux : c'est une très-belle piéce à voir.

C'est de cet endroit qu'on découvre

entierement le Chœur, la-Nef, les Bas-
côtés, & tout le tour des Galeries. On peut
dire que c'eſt une belle perſpective & un
beau point de vûe, qui ſe voit d'un coup
d'œil. Effectivement, ce ſacré Temple eſt
ſi majeſtueux & ſi reſpectable, qu'on eſt
frappé d'étonnement en le voyant de cet
endroit; auſſi cette Egliſe eſt-elle une des
plus belle du Royaume, & il ne faut point
être curieux, ſi on néglige de voir ce point
de vûe; comme auſſi d'aller ſur la plate-
forme des Tours, pour voir la grandeur
de la Ville de Paris. Ceux qui voudront
avoir cette curioſité, trouveront, à main
gauche, en entrant dans cette même Egliſe,
du côté de la façade, une porte quarrée;
on montera juſqu'à ce qu'on trouve une
porte qui ferme l'eſcalier, à côté de laquelle eſt un cordon de ſonnette que l'on
tirera, & on leur ouvrira la porte ſur le
champ.

Le Tréſor de cette Egliſe.

Le Tréſor de cette Egliſe eſt à côté de la
Sacriſtie du Chœur, qui eſt du côté de
l'Archevêché. Il paſſe pour être très riche,
& mérite d'être vû, par la quantité de
Châſſes & de Reliquaires qui s'y trouvent,
entr'autres les Châſſes de la Sainte Vierge,

de saint Côme , de saint Damien , de saint
Germain , Evêque de Paris , de saint Seve-
rin , de saint Lucain Martyr , & des Chefs
de saint Denis , premier Evêque de Paris ,
de saint Juftin , de saint Gen ulphe & de
saint Philippe , qui eft de vermeil doré ,
dont le colier eft d'or. Ce Chef eft fou-
tenu par des Anges ; il a été donné par les
Chanoines de Saint-Sernin de Touloufe ,
à Jean Duc de Berry , lequel Prince en fit
préfent à cette Eglife. On y voit aufli une
côte du Roi faint Louis ; plufieurs Croix en-
richies de pierreries , dont une nommée
la Croix d'Anteau , où fe trouve enchaffé
un morceau précieux de la vraie Croix ,
ce qui a donné lieu de faire double la
Fête de la Sufception de la fainte Croix ,
que l'on célébre ordinairement le premier
Dimanche d'Août. Il fe trouve aufli un
Calice d'or très-ancien & très-bien travaillé ; un Soleil de vermeil doré , d'une
très - belle hauteur , préfent donné par
M. l'Abbé de là Porte , dont le portrait
eft placé dans ce lieu , que *Jouvenel* a
peint. Il y a aufli plufieurs ornemens d'E-
glife , très bea & très-riches , & un
entr'autres qui ne fert qu'aux Fêtes An-
nuelles , dont le fond eft un cramoifi
brodé de Perles ; c'eft un préfent fait à
ette Eglife par la Reine Ifabelle de Ba-

viere, pour accomplir un vœu qu'elle avoit fait à Dieu & à la Sainte Vierge, au sujet de la guérison de la maladie du Roi Charles VI. son époux.

Tombeaux & Sépultures remarquables, tant dans l'ancien Chœur que dans la Nef.

Philippe de France, Archidiacre de Paris, fils de Louis le Gros, Roi de France, mort en 1161.

Geoffroy Duc de Bretagne, Comte de Richemont, troisiéme fils de Henri II. Roi d'Angleterre, mort en 1186.

La Reine Isabelle, premiere femme du Roi Philippe II. surnommé Auguste, morte en 1190.

Philippe de France, Comte de Boulogne, fils du Roi Louis VIII. mort en 1218.

Louis de France, Duc de Guyenne, Dauphin de Viennois, fils du Roi Charles VI. mort en 1415.

Le cœur de Louise de Savoye, mere du Roi François I. morte en 1531.

Odo de Soliaco, soixante - onziéme Evêque de Paris, mort en 1208.

Etienne II. dit *Tempier*, soixante-dix-huitiéme Evêque de Paris, mort en 1279.

Aimeric de Magnac, Cardinal, & 90me Evêque de Paris, mort en 1384.

Pierre d'Orgemont, quatre-vingt-onziéme Evêque de Paris, mort en 1409.

Henri de Gondy, Cardinal, cent huitiéme Evêque de Paris, mort en 1622.

Jean-François de Gondy, premier Archevêque de Paris, mort en 1654.

Jean-François-Paul de Gondy, Cardinal de Retz, deuxiéme Archevêque de Paris, mort en 1679. enterré à Saint-Denis en France.

Pierre de Marca, troisiéme Archevêque de Paris, mort en 1662.

Hardouin de Perefix, quatriéme Archevêque de Paris, mort en 1671.

François de Harlay de Chanvalon, cinquiéme Archevêque de Paris, & le premier des Archevêques de cette Ville qui a eu le titre de Duc de Saint-Cloud & Pair de France; il avoit été nommé au Cardinalat par le Roi Louis XIV. il est mort en 1695.

Louis-Antoine Cardinal de Noailles, sixiéme Archevêque de Paris, mort en 1729.

Charles-Gaspard-Guillaume de Vintimille du Luc, septiéme Archevêque de Paris, mort en 1746.

Gigaut de Bellefond, huitiéme Archevêque de Paris, mort en 1746.

Pierre de Château-Prés, Chanoine de cette Eglise, mort en 1524.

Paul-Emile, Chanoine de cette Eglise, mort en 1559.

Son Epitaphe.

P AULUS EMILIUS
Veronensis,
Hujus Ecclesiæ Canonicus, qui præter
Eximiam vitæ sanctitatem, quanta
Quoque doctrinâ præltiterit, index atque
Testis erit, Historia de rebus gestis
Francorum posteris ab eodem edita.
Obiit, an. D. 1559.
Die 5 mensis. Maii.

La même en François.

C Y gist PAUL-EMILE, natif de Vérone, Chanoine de cette Eglise, qui fut recommandable, non-seulement par la sainteté de sa vie, mais encore par l'étendue de son érudition, dont on peut juger par l'Histoire de France, qu'il a laissée à la postérité. Il mourut le 5 Mai 1559.

Joachim du Bellay, Chanoine & Archidiacre de cette Eglise, mort en 1560.

Pierre de l'Escot, Abbé de Cluny &
Chanoine de cette Eglise, mort en 1578.

Renauld de Beaune, Chanoine de cette
Eglise, mort en 1606.

Son Epitaphe.

D. O. M.

Et æternæ memoriæ,
Viri immortalitate dignissimi,
REGNALDI DE BEAUNE,
Qui sex Christianissimis Regibus
Francisco I. Henrico II. Francisco II.
Carolo IX. Henrico III. Henrico IV.
Fidelem strenuamque navavit operam,
Francisci Andium & Alenconii Ducis,
Cancellarius, in aula Palatinus, in
Senatu Parisiensi Sanctiorique Consilio Senator,
In Sacerdotum Conventu
Ecclesiasticis Officiis gloriosè perfunctus
Primum Mimatensis Episcopus,
Deinde Bituricensis Patriarcha,
Archiepiscopus
Aquitaniæ primas,
Posteà Senonum Archiepiscopus,
Galliæ & Germaniæ primas
Magnusque Franciæ Eleemosinarius

Plenus honoribus & annis,
Animam scientiis omnibus
Et virtutibus decoratam Deo reddidit,
Anno ætatis 79.
Reparatæ salutis, 1606.

La même en François.

CY gist REGNAULD DE BEAUNE, Homme digne de l'immortalité, qui a été employé sous les regnes de François I. Henri II. François II. Charles IX. Henri III. & Henri IV. Il fut Chancelier du Duc d'Anjou & d'Alençon, Conseiller au Parlement de Paris, & Conseiller d'Etat. Il a été élevé à plusieurs dignités Ecclésiastiques. Après avoir été Evêque de Mande, il fut fait Archevêque de Bourges & Primat d'Aquitaine, ensuite Archevêque de Sens, & Primat des Gaules & de Germanie, puis Grand Aumônier de France. Il avoit autant de vertu que d'érudition. Il mourut âgé de 79 ans, l'an 1606.

Claude Joli, Chantre & Chanoine de cette Eglise, mort en 1700. Il a été inhumé à côté de Guy Loisel son oncle, très-digne Magistrat par son intégrité, & très-recommandable par sa science & son éru-

dition. Sur la Tombe qui leur eſt commune, on lit ces mots:

Widus Loisellus
Reſurrectionem ḣic expectat
XIII. Kalendas Januarii,
M. DC. XXXI.
Ejuſque Nepos Claudius Joly,
Canonicus, Præcentor & Officialis
Pariſienſis,
Qui Obiit 15 Januarii 1700,
Ætatis ſuæ, an. 93.

La même en François.

Cy giſſent Guy Loisel, qui
mourut le 20 Décembre 1631, &
Claude Joly ſon neveu, Chanoine,
Chantre & Official de Paris. Il mourut
le 15 Janvier 1700, âgé de 93 ans.

Antoine de la Porte, Chanoine Jubi-
laire de cette Egliſe, mort en 1710. Sur ſa
Tombe, qui eſt vis-à-vis la grande Porte
du Chœur, on a gravé cet Epitaphe:

Sta, Viator,
Adoratoque Deo,
Mireris commemorandam liberalitatem
D. D. Antonii de la Porte,

Hujus Ecclesiæ Can. Jubilæi,

Cujus cineres

Hîc beatam resurrectionem expectant.

Hostiæ salutari Tabernaculum in Sole

Ex argento deaurato, pondo librarum 100.

posuit,

Tabulis Octo egregiè pictis hunc Chorum

Exornavit,

Reditu annuo 800. libellarum

Ecclesiam Parisiensem

Auxit.

Nosocomii vero pauperes hæredes exasse

Reliquit,

Quæ dona

Non mors extersit exanimi,

Sed pietas imperavit incolumi,

Denique

Gravis annis, meritis gravior,

Quas cœlo confecravit opes,

Multiplicato fœnore percepturus,

Obiit

XXIV. Decemb. Ann. Domini 1710.

Ætatis 83. Can. 60.

Desiderium sui relinquens & exemplum,

Tot Beneficiorum memor, Eccl. Parisiensis

Solemni sacrificio, quotannis 24 Decemb. die,

Benefactori suo

Parentat.

La même en François.

ARrêtez-vous, Passant, & après avoir adoré Dieu, admirez la générosité à jamais mémorable de M. ANTOINE DE LA PORTE, Chanoine Jubilé de cette Eglise, dont les cendres attendent ici la résurrection bienheureuse.

Il a fait présent à cette Eglise d'un Soleil pour l'exposition du Saint Sacrement, du poids de 150 marcs.

Il a enrichi le Chœur de huit Tableaux, peints par les plus habiles Maîtres.

Il a augmenté de 800 liv. le revenu de l'Eglise de Paris.

Il a institué les Pauvres de l'Hôtel-Dieu de Paris ses légataires universels.

Toutes ces bonnes œuvres n'ont point été le fruit d'une débilité d'esprit, ni causées par la frayeur de la mort ; mais elles lui ont été dictées par une piété solide, dans le tems qu'il jouissoit d'une santé parfaite & de tout son bon sens.

Le nombre de ses vertus surpassoit celui de ses années.

Il est allé recevoir dans le Ciel, au centuple, le prix des richesses qu'il a consacrées ici-bas à sa gloire.

Enfin, généralement regretté, laissant

à la

à la postérité un si bel exemple, il décéda le 24 Décembre 1710, âgé de 83 ans, après avoir été 60 ans Chanoine.

L'Eglise de Paris, en reconnoissance de tant de bienfaits, célebre un Service solemnel pour le repos de l'ame de son bienfaiteur, tous les ans le 24 Décembre.

Claude Châtelain, Chanoine Honoraire de cette Eglise, mort en 1712. Sur sa Tombe, qui est à côté de la Porte rouge, on lit cette Epitaphe :

Hic jacet

CLAUDIUS CHASTELAIN, Parisinus,

Ecclesiæ Parisiensis Canonicus Presbyter;

Vir ingenio, doctrinâ, pietate magnus,

Animi modestiâ, & morum candore parvulus,

Antiquitatibus & ritibus Ecclesiasticis

Peritissimus;

Rei privatæ nescius;

Dilexit imprimis decorem Domûs Dei,

Verî ubique sagax indagator

Linguæ Patriæ origines percalluit,

Sanctorum acta

Edito in lucem insigni Martyrologio

Illustravit.

Quod sine fictione dicerat,

Sine invidia communicavit;

E

Consulentibus se satisfecit semper,

Et ex incertis certos dimisit,

Regni propè totius sacris in rebus

Oraculum.

Exhaustis labore viribus,

Obviam Christo præivit,

Dominica Palmarum die XX, Martii,

Ann. M. DCC. XII,

Ætatis LXXII, Canonicatûs XLIX.

Hoc grati animi Monumentum

Carissimo Patruo,

Steph. Maria Châtelain, Eccl.

Paris. Can.

Posuit.

La même en François.

CY gist CLAUDE CHASTELAIN, natif de Paris, Prêtre & Chanoine de cette Eglise.

Grand par son esprit, sa science & sa piété, il voulut paroître petit par sa modestie & la candeur de ses mœurs.

Il fut très-versé dans la connoissance de l'Antiquité, des Rits Ecclésiastiques, & très-désintéressé.

Il s'attacha entr'autres choses à l'embellissement de la Maison du Seigneur.

Il chercha la vérité dans fa fource,& fut très verfé dans la connoiffance de la Langue Hébraïque.

Il a compofé un fçavant Martyrologe.

Il étoit fincére & d'un accueil prévenant.

Il a toujours renvoyé ceux qui le confultoient également fatisfaits de fa fincérité & de fon érudition.

Il pouvoit être appellé l'Oracle de la France pour la décifion des matieres eccléfiaftiques.

Un long travail qui avoit épuifé fes forces, l'enleva de ce monde le Dimanche des Rameaux, deuxiéme de Mars 1712, à l'âge de 72 ans. Il avoit été Chanoine 49 ans.

Etienne – Marie Châtelain, Chanoine de cette Eglife, plein de refpect & de reconnoiffance pour fon Oncle, lui a fait ériger ce Monument.

LE CHAPITRE.

LE Chapitre de cette Eglife eft compofé de cinquante-deux Canonicats, y compris les huit Dignités ; fçavoir, le Doyen, qui eft élû par le Chapitre ; le Grand-Chantre, les trois Archidiacres de Paris, de Jofas & de Brie; le Sous-Chantre, le Chancelier & le Pénitencier, qui font tous élûs par l'Archevêque. On prétend que leurs revenus montent a plus de deux cens quarante-neuf mille livres par an, depuis la réunion du Chapitre de Saint-Germain-l'Auxerrois à cette Eglife en 1744, fans compter les Maifons Canoniales, & deux muids de fel par an, que le Roi Louis XII. a fondé pour fon Anniverfaire, qui fe fait le lendemain des Rois.

Il y a fix Vicaires perpétuels, deux Vicaires Chanoines de Saint-Aignan, une Chapelle Soudiaconie de 800 liv. de revenu; douze Bénéficiers Chanoines de Saint Denis du-Pas; huit Bénéficiers Chanoines, & deux Curés de Saint-Jean-le-Rond, réunis depuis quelque tems à Saint-Denis-du-Pas, qui eft à préfent la Paroiffe du Cloître. Tous ces Bénéficiers ont chacun huit cens livres de revenu. Il y a de plus cent trente Chapelains attachés à cette Eglife, fondés depuis cent livres de revenu par an, jufqu'à quinze cens livres, non-compris la Chapelle de la Sainte Vierge, anciennement nommée la Chapelle de Pareffeux, dont le revenu eft au moins de deux mille cinq cens livres, mais réuni au Chapitre pour augmenter les gages des Muficiens de cette Eglife, lefquels, tous les Samedis de chaque femaine, chantent un Motet devant cette Chapelle. Il y a douze

Enfans-de-Chœur, quatre Marguilliers Laïcs qui affiftent à l'Office des Grandes Fêtes, quatre Chapitres Collégiaux nommés les quatre Filles de Notre-Dame, qui font, Saint-Merry, Saint-Benoît, Saint Etienne d'Egrès & le Sépulcre, dépendans de ce Chapitre, & qui affiftent aux Proceffions générales quand on les demande. Ce Chapitre a Haute, Moyenne & Baffe Juftice, appellée *la Barre du Chapitre*, compofée d'un Bailly, d'un Procureur Fifcal, d'un Promoteur, d'un Vice-Promoteur & d'un Greffier. Les Chanoines, les Bénéficiers, les Chapelains & les autres Officiers de cette Eglife, comme auffi les quatre Filles de Notre-Dame, l'Hôtel-Dieu, font tous fujets à cette Jurifdiction, & au Synode qui fe tient tous les ans au mois de Mars.

On compte fix Papes, 32 Cardinaux, 32 Archevêques, & plus de 150 Evêques qui ont été Doyens, Archidiacres & Chanoines de cette Eglife; & on peut dire, qu'il n'y a point de Cathédrale en Europe, où l'Office fe faffe avec tant d'exactitude, de décence & d'édification, qu'à Notre-Dame de Paris. Les cérémonies de l'Eglife y font obfervées avec une grande régularité. Les Chanoines chantent Matines à minuit, felon l'ancien ufage. Cette Eglife est presque la seule entre les Séculieres, qui l'ait conservé.

A l'égard du Spirituel, il est bon de sçavoir que cette Eglise est Métropole & le Siége d'un Archevêque, qui a été érigé en 1622, par le Pape Urbain VIII. à la réquisition du Roi Louis XIII. L'Archevêque de cette Eglise est né Duc de Saint-Cloud & Pair de France, & est honoré de l'Ordre du Saint-Esprit. On compte jusqu'à présent cent dix-huit tant Evêques qu'Archevêques qui ont gouverné cette Eglise, dont plusieurs ont été mis au rang des Saints. Ce Siége est aujourd'hui rempli par Christophe de Beaumont du Repaire, neuviéme Archevêque de Paris, & qui a pour Suffragans, les Evêchés de Chartres, de Meaux, d'Orleans & de Blois ; & a sous sa dépendance sept Doyennés, vingt-trois Chapitres, trois Abbayes, soixante-six Prieurés, cent quatre-vingt-quatre Monastéres & Communautés, quatre cens soixante-onze Cures, deux cens cinquante-six Chapelles & trente-quatre Maladeries. Son revenu monte à plus de cent cinquante mille livres par an, depuis la réunion de l'Abbaye de Saint-Magloire à cet Archevêché.

Quand l'Archevêque marche aux Processions générales, il est assisté de ses

quatre Filles , qui font quatre Chapitres ; fçavoir , Saint - Germain - l Auxerrois , mais réuni à Notre - Dame ,
Saint - Marcel , Sainte - Opportune , &
Saint - Honoré.

F I N.

E R R A T A.

Pag.	Lign.	*Fautes.*	*Corrections.*
7.	9.	La Charpenterie	La Charpente
33.	19.	Boullogne le pere	Gafes
48.	1.	Domini	Domui
54.	14.	mais il a	mais fa
58.	16.	tenero	Genero
58.	19.	à fanctoribus	à fanctioribus
59.	17.	dulcimus	dulciffimus
59.	22.	menfe	vixit menfes
60.	23.	furvéquit	furvécut
63.	25.	d'Harcourt & fon Epoufe	& de la Maréchale d'Harcourt
72.	11.	Epifcopo	Archiepifcopo

☞ Remarquez à l'entrée de la nef
une grande tombe de pierre de dix
pieds de long, au milieu de laquelle eft
une tour, qui, à ce que l'on prétend,
font les armes parlantes d'un Enfant-de-
Chœur nommé *Latour*, de la hauteur de
neuf pieds, qui y eft enterré, étant mort
de chagrin de fe voir fi grand.

CATALOGUE

Des Livres qui se vendent chez le même Libraire.

Tarif des Glades de la Manufacture Royale, *très-portatif, relié en veau.* 1 liv. 5 s.

Le même, gros caractére, augmenté du Tarif de la Vaisselle platte, poinçon de Paris & des Provinces, Jettons de France, Or & Argent cassé, &c. *relié en veau*, 1 liv. 15 s.

Tachmas, Prince de Perse, Nouvelle historique & tragique, ornée de figures, *volume in-12. broché*, 15 s.

La Folie Précepteur, *ou* l'Art de ne pas penser, Bagatelle à la mode, ornée de Vaudevilles, *in-12. broché.* 8 s.

Instructions morales sur les Evangiles des Dimanches, par demandes & réponses, par M. *Barthelemy*, Docteur de la Faculté de Théologie de Paris, *in-12 relié*, 2 liv.

Concile de Trente, *en François*, par *Chanut*, relié, 2 liv.

Le même, en Latin, *relié.* 2 liv.

Le Cathéchisme du même Concile, *en Latin*, 2 liv.

Ancienne Liturgie de la Messe, par M. l'Abbé *Grandcolas*, 3 vol. *in-octavo*, 6 liv.

Les Pseaumes de David, *en trois colomnes*, par *Lenoble*, 1 vol. *in-octavo*, 2 liv.

Le même, en deux colomnes, 1 vol. *in-12.* 1 liv. 10 s.

La Philosophie occulte, *ou* Traité de la Baguette divinatoire, *avec figures*, 2 vol. *in-12.* 2 liv. 10 s.

Dissertation sur la Géométrie, *&c.* avec figures, par M. *Liger*, 2 volumes *in-12.* brochés, 2 liv.

De M. Gallimard.

Méthode théorique & pratique d'Arithmétique, d'Algébre & de Géométrie, mise à la portée de tout le monde, & rendue facile à pouvoir soi-même s'en instruire en peu de jours, & leur application à divers usages, *avec figures*, in-12. broché, 8 s.

9 782329 750736